LOU
PARTERRE GASCOUN.

Auch, imprim. et lith. de J. Foix, rue Balguerie.

LOU
PARTERRE GASCOUN
COUMPOUZAT
DE
QUAOUTE CARREUS

PER

G. BEDOUT d'Auch

PRÉCÉDÉ

D'UNE INTRODUCTION

ET SUIVI

D'un choix de Poésies de divers Auteurs, et d'un Dictionnaire
des principaux Termes du Dialecte Gascon

Par A. Philibert ABADIE.

TOULOUSE	AUCH
JOUGLA, LIBRAIRE-ÉDITEUR	BRUN Frères, LIBRAIRES
Rue St-Rome.	Rue Napoléon.

1850

A MONSIEUR LE DOCTEUR

J.-B. NOULET

PROFESSEUR

à l'Ecole de Médecine de Toulouse et membre de l'Académie des Sciences, Inscriptions et Belles-Lettres de cette ville.

HOMMAGE

D'UN OBSCUR TRAVAILLEUR AU TRADUCTEUR SAVANT

DE

LAS JOYAS DEL GAY SABER.

A. Philibert ABADIE.

AVERTISSEMENT.

Primitivement, nous avions eu l'intention de ne donner au public que la réimpression des œuvres de l'auteur des QUAOUTE CARRÉUS DEOU PARTERRE GASCOUN. Mais quelques amis nous ont engagé à profiter de l'occasion qui nous était offerte, pour faire connaître à nos compatriotes l'origine de notre dialecte et les différentes phases qu'il a subies depuis sa naissance jusqu'à nos jours.

C'est pourquoi, dans notre introduction, nous avons esquissé ce sujet. De plus, nous avons fait suivre les œuvres de Bedout d'un choix de poésies empruntées à la plupart des auteurs qui ont écrit dans le dialecte gascon. Nous aurions désiré une moisson plus abondante; mais grande était la difficulté pour se procurer ces œuvres aujourd'hui perdues ou devenues si rares que les bibliophiles les plus fervents n'en possèdent eux-mêmes que quelques-unes. Cependant, nous avons été assez heureux pour recueillir plusieurs de ces pièces que les amateurs de notre langue désespéraient de retrouver.

Comme le dialecte purement gascon a, depuis l'époque où écrivaient les auteurs dont nous rapportons les œuvres, subi de notables changements, nous avons cru qu'il était nécessaire de faire suivre notre travail d'un dictionnaire, afin d'expliquer les termes qui ne sont plus aujourd'hui en usage ou qui ont vieilli; beaucoup d'entre eux ont changé d'acception, de désinence et surtout d'orthographe. Si notre petit lexique ne fait pas comprendre entièrement la langue actuelle, il rendra du moins intelligibles les poëtes que nous publions.

Notre travail est certainement bien loin d'être complet; il aura cependant, nous l'espérons, un résultat, une utilité, ne fût-ce qu'à titre de jalon jeté sur la route difficile que vont parcourir de savants linguistiques qui préparent depuis longtemps, sur l'ensemble des dialectes romans, de consciencieux et remarquables travaux.

INTRODUCTION.

LA LANGUE ROMANE PARLÉE EN GASCOGNE.—TROUBADOURS DE CETTE PROVINCE, LEURS POÉSIES. — LA PROSE GASCONNE DEPUIS LE XIe SIÈCLE JUSQU'AU XVIIIe. — RENAISSANCE LITTÉRAIRE EN GASCOGNE. — POÈTES DE CETTE PÉRIODE. — LEURS OEUVRES. — ÉTAT ACTUEL DE LA LANGUE.

Quand Rome succomba sous les coups redoublés des Barbares, ses institutions et sa langue tombèrent, il est vrai, mais cette chute ne fut pas cependant si complète qu'il ne surnageât de ses débris de nombreux matériaux pour reconstruire dans les Gaules une nouvelle civilisation et une langue nouvelle. En effet, la langue romane prit aussitôt naissance de la décomposition de la langue latine.

Elle commença à se développer au moment où se constituèrent les jeunes nationalités sorties du chaos de l'invasion barbare. Informe d'abord, embarrassée, empruntant tout en les défigurant les expressions latines, complétant ses idées par des mots tirés de son idiome maternel qui, à ses yeux, peignait beaucoup plus vivement les idées, elle vint encore se mêler à cette autre langue rustique qui existait à l'époque de la domination romaine. Ce dernier idiome était composé de mots celtes latinisés et d'une grande quantité de mots grecs répandus dans les Gaules par les Phocéens de Marseille, leurs colonies et leurs marchands. Ces divers éléments réunis formèrent, avec les dialectes parlés par les Barbares qui dominaient dans ce pays, le fonds de la nouvelle langue.

On la désigna, dès son origine, sous le nom de langue romane, à cause du grand nombre de mots empruntés à la langue de Rome. Elle se divisa en deux grands idiomes : le roman du Nord ou la langue des trouvères, et le roman provençal ou langue des troubadours. Plus tard, on désignait aussi la première sous le nom de langue d'Oïl, et la seconde sous celui de langue d'Oc, à cause de la distinction qui existait dans la traduction du mot Oui dans les deux contrées (1).

(1) Et auziran dire per Arago
Oïl e *neni* en luec d'*oc* e de *no*.

BERNARD D'AURIAC.

La langue romane provençale (1) était entièrement parlée dans le pays situé au midi de la Loire. Elle comprenait plusieurs dialectes, le gascon, le provençal, le limousin, l'auvergnat et le viennois (Dauphiné) [2].

Ces divers dialectes étaient communément intelligibles à tous les habitants de ces grandes provinces. Ils ne différaient entre eux que par le retranchement de certaines terminaisons, ou bien encore par des redoublements et de nombreuses contractions. Cependant, inculte d'abord, rebelle même, la langue romane s'adoucit peu à peu, en se dépouillant de ses langes. La poésie vint la réchauffer et la rendre malléable. Cette œuvre s'accomplit obscurément, car la poésie populaire est livrée, dans son enfance, à une classe particulière de chanteurs ambulants qui racontent des récits merveilleux et qui chantent des chansons sur un accompagnement musical. Cette poésie populaire, intelligible à tous, libre, enjouée, graveleuse même, se chantait sur des tréteaux.

(1) Le nom de Provençal, appliqué à tout le midi de la France, n'a été donné que par une réminiscence de la *Provincia romana*.

[2] Monges, digatz, segon vostra sciensa,
Qual valon mai Catalan o Frances,
E me de sai Guascuenha e Proensa,
E Limozin, Alvernh' e Vianes,
E de lai met la terra des dos reis.

ALBERT DE SISTERON.

Ces pauvres mimes, que l'Eglise réprouvait de toute sa colère, en étaient alors les interprètes. La générosité du châtelain les accueillait pour égayer son manoir : alors, chanteurs et musiciens joignaient à leurs talents celui de faiseurs de tours.

Mais le germe contenu dans cette poésie populaire se développa dans leurs récits, dans leurs chants, et la langue acquit, en peu de temps, une souplesse qu'elle était loin de posséder.

Echappés à leurs couvents, quelques hommes, connaissant les lettres, se mirent à composer, aidés de leur savoir et de leur propre imagination, des récits attachants. Leurs poésies furent rimées dès la fin du IXe siècle et adaptées d'abord à un seul mètre et ensuite à plusieurs, à proportion que le progrès marchait. Ecoutons un troubadour lui-même nous donner l'origine de son art (1). « La jonglerie,

(1) Car per homes senatz,
Sertz de calque saber
To trobada per ver
De primier joglaria
Per metr' els bos en via
D'alegrier e d'onor,
L'estrumen an sabor
D'auzir d'aquel que sap
Tocan issir a cap
E donan alegrier...
Pueis foron trobador
Per bos faits racontar
Chantan e per lauzar
Los pres et enardir
En bos faitz, car chauzir
Los sap tal, que no 'ls fa.
Aisi à mon albir
Comenset joglaria,
E cadaus vivia
Ab plazer entre'ls pros.
GIRAUD RIQUIER.
Lacurne Ste-Palaye,
Manuscrit de l'Arsenal.

dit-il, fut inventée par des hommes de sens et par des serfs de quelque savoir, pour divertir et honorer la noblesse par le jeu des instruments. Puis, vinrent les troubadours pour raconter les hauts faits, louer et chanter les preux et les encourager à bien faire, car qui ne sait faire de grandes actions sait néanmoins les priser. A mon avis, c'est ainsi que commença la jonglerie, et chacun vivait à sa plaisance parmi les preux ».

Les efforts de ces poètes encore inexpérimentés furent applaudis par ces populations impressionnables du Midi de la France. D'ailleurs, les souvenirs des destinées antérieures si remplies de gloire, les richesses que le commerce apportait aux puissantes villes méditerranéennes et le contact continuel avec l'Orient entretenaient dans l'esprit de ces peuples un goût inné pour l'art, dont les chefs-d'œuvre se trouvaient épars dans leurs villes municipales.

Aussi, la joyeuse phalange grossissait-elle; elle errait par troupes de ville en ville, de château en château, récoltant de riches présents.

Cependant, l'esprit chevaleresque avait atteint par l'influence des croisades un entier développement, et les nobles, que cette ère nouvelle avait tranformés, aspiraient à des jouissances poétiques plus délicates, plus intimes. L'amour de la gloire, le culte de la femme et les délices d'une vie plus voluptueuse, furent le triple élément qui fit naître la poésie des troubadours.

Ces nobles chevaliers ne s'en rapportèrent plus à de pauvres chanteurs pour peindre leurs sensations. Ils saisirent la lyre, s'inspirèrent de leur amour, de leur beau ciel et chantèrent les émotions encore naïves de leur cœur qui commançait à s'ouvrir à tous les rêves de l'imagination. Ils firent presque instantanément de cette poésie un art où l'on rencontre à chaque pas la finesse, le sentiment et le goût. Ceux-là étaient rois, marquis, ducs, comtes, hauts barons; puis, venaient après eux leurs suzerains qui visitaient les cours de ces différents princes ou les châteaux de leurs amis, pour y célébrer soit leur dame, soit la guerre, soit, enfin, leurs tendres amours qu'ils ne pouvaient avouer sous peine d'indiscrétion, et qu'ils voilaient sous les plus délicates allégories. Ceux-là ne poétisaient ou mieux ne *trouvaient* que pour l'honneur ou leur plaisir.

La poésie populaire, ne cessa pas cependant son œuvre : ses chantres suivirent l'impulsion qui leur était donnée d'en haut; ils relevèrent la profession de jongleur, d'abord, en servant d'interprètes aux troubadours soit en chantant, soit en accompagnant leurs poésies et en les suivant dans les châteaux où ils participaient

aux succès de leurs maîtres. Bientôt, ils se
mirent à *trouver* eux-mêmes, et leurs compositions par la double inspiration poétique et musicale atteignirent chez la plupart un haut degré
de perfection ; elles égalèrent, et surpassèrent
même le mérite des troubadours de haut parage. Ils prirent alors le nom de troubadours
jongleurs ou de poètes de cour, parce qu'ils
faisaient, toutefois, sans servilité, de la poésie
ou de la musique un véritable métier. Alors,
l'antique tribu des chanteurs et musiciens se
modifia ; une partie, la plus infime, se recruta
toujours parmi les gens sans aveu, et continua
à travers les siècles son métier de saltimbanque
et de jongleur, n'interprétant la poésie qu'autant
qu'elle servait à son but mercenaire ; l'autre
puisait toute sa force dans la noblesse secondaire
qui ne pouvait soutenir son rang et dans la classe bourgeoise, alors très riche et très considérée
dans le midi de la France. Ce nouvel état ne
faisait point perdre la considération attachée au
rang de ceux qui l'embrassaient ; mais, au contraire, les revêtait d'un nouveau lustre, quand
leur talent était remarquable. Ils restaient
chevaliers, et ceux qui ne l'étaient pas pouvaient le devenir.

La langue littéraire des peuples du midi
de la France fut semblable à l'arbre de ses
jardins, à cet amandier, qu'un poète persan

appelle le symbole de la folie parce qu'il épanouit ses fleurs et ses feuilles au premier rayon printanier, sans s'inquiéter si demain le terrible vent du nord viendra de son haleine glacée ternir et emporter au loin sa neige odorante. En effet, elle s'était trop hâtée de faire éclore les antiques germes de civilisation déposés dans son sein, sans prévoir si les barbares avaient mis fin à leurs invasions. Ses poètes chantaient, car la poésie eut toujours le pas dans les jeunes nationalités; ils chantaient sans s'inquiéter de l'orage qui grondait autour d'eux; ils chantaient encore leurs refrains d'amour à l'arrivée de cette terrible croisade du nord qui se rua sur le midi sous le prétexte religieux d'anéantir la réforme albigeoise. Mais aux lueurs de l'incendie des bûchers embrasés, tous ces poètes cessèrent leurs chants joyeux, ils mirent à leur lyre des cordes d'airain, et par l'énergie de leurs nouveaux chants ils inspirèrent l'amour de la patrie et la haine de l'étranger. Ils versèrent des larmes de sang sur tous ces malheurs qui avaient allumé dans leur pays un si vaste incendie, et maudirent ces ambitieux prélats qui, pour convaincre d'abord leurs antagonistes, n'avaient trouvé d'autre moyen de persuasion que le fer et la flamme.

Aussi, ce vent du nord emporta-t-il dans son tourbillon cette nationalité romane, qui se constituait autour de la couronne comtale des Raymond. Elle fut anéantie et avec elle le développement de sa langue qui, privée de ces centres politiques autour desquels elle gravitait, ne put se fixer entièrement. Elle n'eut que sa guirlande poétique au langage choisi que le vulgaire comprenait bien, et dont il appréciait toutes les nuances délicates; mais il n'eut pas le temps de les assimiler à son langage usuel. La poésie seule avait donc atteint son développement, tandis que la prose était restée en arrière sans être fixée encore; aussi, ressembla-t-elle avec cette multiplicité de dialectes et de sous-dialectes aux tronçons épars d'un serpent qui cherchent vainement à se réunir.

La Gascogne fournit son contingent à la pléiade des troubadours. Cette province avait participé à tous les progrès dont nous venons de parler. Au dire des troubadours, elle était fort renommée par l'urbanité de ses habitants; car ceux-ci trouvaient auprès de sa nombreuse noblesse un grand accueil, et ses châtelaines recherchaient leurs louanges avec avidité. Aussi, venaient-ils en foule dans ce pays. Parmi ceux-là, nous trouvons Arnaud Daniel, celui qu'admirait le Dante : il s'était épris de la femme de Guillaume de Boville. « Pour elle, dit-il, je refuserais l'empire de Rome et la couronne de

St-Pierre, car, je ne puis trouver le bonheur qu'auprès de celle qui brûle mon âme. » La Gascogne vit naître une foule de ces poètes dont les noms et les œuvres ne sont pas tous venus jusqu'à nous : parmi ceux-là, nous trouvons Dias, fille du châtelain de Samatan, Cercamons, Marcabrun, Giraud de Calençon, Gausbert Amiel, Pierre de Valeria et Bernard de Montaut, archevêque d'Auch.

Dias, dame châtelaine de Samatan et de Muret, était née dans la première de ces deux villes (1). Elle était fille et héritière de Geoffroi, seigneur des contrées qui forment aujourd'hui la plus grande partie des arrondissements de Lombez et de Muret. Elle épousa Bernard, comte de Comminges (vers 1110), mais l'humeur volage et querelleuse de son mari lui causèrent de profonds chagrins. Elle était habituée à tous les égards dès sa plus tendre enfance; elle avait même cultivé, à la cour des comtes de Toulouse, la poésie naissante. Aussi fut-elle vivement blessée de son abandon. Elle peignit ses peines dans une plaintive élégie qui ne manque pas d'une certaine grâce.

---

(1) Dom Vaissette. *Hist. du Languedoc,* édit. du Mège, notes et addit., t. 4, p. 84.

La nueg ven, pois lo jorn renais,
E no s' pot meillora mon dol,
Car es de mon cor lo trandol
Tal que no pot tornar gais.
E tan mot es el sieu duelh
Que lo valen e ric capduelh
Li pareis amara priso
On na que clam e languisso.

En prat verdenc herbas e flors,
An nascut, e li auzels gentils,
En grand alegrier subtils,
Miels qu'om del mon son cantadors,
Tug cad'an al senhoreatge,
Volontiers fan lor vasselatge,
Mas solas nou es plus tornat,
En cor malament enganat. (1)

Après Dias qui ne cultivait la poésie que pour consoler ses douleurs vint Cercamons. Il était de famille noble; mais simple cadet,

(1) La nuit vient, puis le jour renaît,
Mais ne se peut améliorer ma douleur,
　Car tel est de mon cœur le tourment,
Qu'il ne peut revenir à la gaîté;
　Et si grande est sa douleur,
Que le redoutable et riche château
　Lui semble une triste prison
Remplie de plaintes et d'ennui

Dans le pré verdoyant, herbes et fleurs
　Sont nées, et les oiseaux gentils,
　　En grande joie se trouvent,
Cantant mieux qu'aucun homme du monde,
　Tous chaque année à leur seigneur
　Volontiers font acte de vasselage,
Mais, contentement ne peut revenir
　En un cœur méchamment trompé.

ne voulant ni chanter matines, ni trop guerroyer, il se mit à *trouver*. Il visita d'abord les petites cours des princes gascons; puis, il parcourut les comtés de Toulouse, la Provence et l'Espagne, chantant toujours. Rien ne put le captiver, soit que son caractère volage l'empêchât de fixer sa constance, soit que son humeur voyageuse eût le dessus. Il courut tellement par monts et par vaux qu'il oublia à dessein ou par insouciance le nom de ses ancêtres pour adopter celui de Cercamons que ses confrères lui donnaient à cause de son amour effréné des voyages. Cependant il résida assez longtemps en Gascogne, où il fut le maître de Marcabrun. Au mérite du troubadour, il joignait celui du jongleur. On a de lui plusieurs pièces, toutes sur l'amour, lesquelles respirent les mœurs de l'antique chevalerie. Il se plaint que les troubadours de son temps portaient l'inquiétude dans le cœur des amoureux, car ils disaient hautement dans leurs chants que l'amour était déchu, ce qui inspirait et la crainte aux femmes et la jalousie aux maris.

Si nous en croyons ses poésies, il fut un amoureux timide, tremblant devant la beauté qu'il aimait et ne sachant trop converser avec elle. « Mais, dit-il, son audace renaît aussitôt qu'il la quitte; il prie Dieu alors de vouloir le

XXI

conserver jusqu'à ce qu'il ait obtenu les faveurs de celle pour qui son cœur soupire. Il l'aime tant qu'elle pourrait faire de lui un amant faux ou loyal, trompeur ou sincère, fallacieux ou courtois, mécontent ou satisfait. Il espère la voir, et si un de ses baisers venait effleurer sa joue, il en aurait le cœur si joyeux qu'il en ferait la guerre à ses voisins (1). »

Certains auteurs ont fait vivre ce troubadour dans le XIIIe siècle et ont commis la même erreur envers son élève Marcabrus. Mais comme nous le prouverons par la biographie de ce dernier, il est certain qu'il vivait vers 1130 et qu'il prolongea sa vie jusqu'à une vieillesse assez avancée. C'est ce que nous démontre une de ses pièces dans laquelle il parle en faveur du comte de Poitiers (Richard Cœur-de-Lion) contre qui s'étaient révoltés les comtes de Lomagne, d'Armagnac et les principaux seigneurs de la Gascogne, auxquels s'étaient joints les grands dignitaires ecclésiastiques. Le poète dit à un de ses interlocuteurs. « Maître, ne vous effrayez pas si les gens d'Eglise ne prospèrent point, ils vont avec palefroi et bonnes rentes, car le comte de Poitou arrive... et il viendra de France beaucoup de bien. » Ce passage quoique un

---

(1) MILLOT. *Hist. des troubadours.* — DE ROCHEGUDE. *Parnasse occitanien.* — FRÉDÉRIC DIEZ. *Poésies des troubadours.*

peu obscur nous fait voir que Cercamons avait visité la cour d'Eléonore d'Aquitaine, la mère de Richard, et que lui-même avait reçu un bon accueil de ce prince qui ne dédaignait pas la lyre des troubadours. Il composa, dans sa captivité, une chanson sur le délaissement où ses sujets d'Aquitaine et de Gascogne le laissaient languir.

> Or, sapchon bien meys hom e miey baron,
> Angles, Norman, Peytavin e Gascon,
> Qu'ieu non ay ja si paure compaignon,
> Qu'ieu laissase, per aver, en preison;
> Non ho dic mia per nulla retraison;
>   Mas anquar soi jé pres ! (1)

Cercamons fut très goûté de ses contemporains; ses pièces sont toutes dans le goût antique; elles sont gracieuses, faciles, mais sans profondeur; sa forme est travaillée. Cercamons, Giraud de Calençon, et surtout Marcabrun, sont parmi leurs confrères ceux qui ont habilement employé des expressions que plusieurs rejetaient comme trop communes, et,

---

(1) Or, sachent bien mes hommes et mes barons,
Anglais, Normands, Poitevins et Gascons,
Que je n'ai jamais eu si pauvre campaignon,
Que je laississe pour argent en prison;
Je ne le dis mie pour nul reproche;
   Mais encore suis-je prisonnier !

LACURNE STE-PALAYE. *Poésies des troubadours*, mss.

dans leurs œuvres, ils se rapprochent plus du dialecte gascon que du provençal et du languedocien.

Il y eut çà et là parmi les troubadours des individualités bien tranchées : celle de Marcabrun fut une des plus remarquables. Il était fils d'une pauvre femme nommée Na Bruna, de famille noble, qui, séduite par un chevalier, en avait été abandonnée. Marcabrun eut une enfance triste, besogneuse. Obligé de quêter sa vie, il courut de tout côté ; son âme sensible et fière s'irrita de cette misérable position qui lui avait fait donner le surnom de *Panperdut*. Son esprit se fit jour de bonne heure, mais il ne put en chasser les tristes impressions de son enfance, dont il conserva un cruel souvenir durant le cours de sa vie. D'abord simple jongleur, il acquit une adresse merveilleuse à exécuter les tours et à jouer les instruments nécessaires à sa profession. Il chanta et accompagna les chansons de son compatriote Cercamons. Il habita longtemps avec ce troubadour jusqu'à ce qu'il eût commencé à *trouver* (1). On peut fixer sa carrière poétique entre 1114 et 1185, quoique certains auteurs critiques l'aient fait vivre vers la fin du XIIIe siècle. Mais

---

(1) Marcabrus... estet tan ab un trobador... qu'el commenset à trobar.

sa biographie, et le témoignage de Pierre d'Auvergne et de Raymond Jordan, qui florissaient vers 1200, en parlent comme d'un ancien maître (1).

Marcabrun ou Marc Brun fut un des troubadours qui plièrent l'idiome roman à toutes sortes de caprices. Son habileté fut grande ; il sut combiner et enchaîner une exposition claire, une narration remplie d'incidents et une versification choisie d'une telle manière que personne n'aurait pu en enlever un vers sans détruire l'édifice. Il employa tous les mètres connus jusqu'au vers monosyllabique ; il se plaisait parfois, par une bizarrerie affectée, à rendre obscure et tourmentée son élocution, afin de montrer sa supériorité dont il s'enorgueillissait. Il professait un grand mépris pour le sexe qui le lui rendait bien. Il ne connut, dit-il, jamais l'amour et ne fut jamais aimé de personne (2). Cependant, l'on rencontre dans plusieurs de ses poésies des pièces d'une délicatesse de sentiment dont on ne le soupçonnerait pas, et qui prouvent que son carac-

---

(1) Trobaire fo dels premiers, qu'om se record... Et en aquel tems non appellava hom cansos, mas tot quant hom cantava eron vers.

(2) Marcabrus, lo filh Na (Maria) Bruna,
Fo engendratz en tal luna...
Que onc non amet neguna
Ni d'autra no fon amatz.

tère inquiet et morose se laissait aller parfois aux mouvements de son cœur. Voyez plutôt cette pensée pleine d'observation et de finesse sur la rapidité avec laquelle l'amour nous frappe :

> Amors es com la beluga (1)
> Que coa l' fuec en la suga :
> Escoutatz !
> Pueis no sab en qual part fuga
> Selh que del fuec es guastatz.

Nous avons dit qu'il traita tous les rythmes; il en inventa de nouveaux. Il écrivait et notait la musique de ses pièces, et son confrère, Geoffroy Rudel, de Blaye, en reçut plusieurs de sa main. Il traita avec succès la romance que ses contemporains n'ont guère abordée. Ecoutez les plaintes vraies et naïves d'un cœur frappé d'une douloureuse atteinte par la croisade qui venait enlever deux amants à la félicité dont ils jouissaient.

> A la fontana del vergier, (2)
> Ou l'erb' es vertz josta 'l gravier,
> A l'ombra d'un fust domesgier,

---

(1) L'amour est comme l'étincelle
Que couve le feu dans la suie :
Ecoutez !
Puis il ne sait en quel lieu elle s'envole
Celui qui du feu est atteint.

(2) A la fontaine du verger
Où l'herbe est verte près du gravier;
A l'ombre d'un arbre fruitier,

XXVI

En aizement de blancas flors
E de novelh chan costumier,
Trobey sola, ses companhier,
Selha que no vol mon solatz.

So fon donzelh' ab son cors belh,
Filha d'un senhor de castelh;
E quant ieu cugey que l'auzelh
Li fesson joi e la novelh
E qu' entendes mon favelh,
Tost li fon sos afars camjatz.

Dels huelhs ploret josta la fon,
E del cor sospiret preon.
« Jhesus, dis elha, reis del mon,
Per vos mi creis ma gran dolors,
Quar vostra auta mi cofon,
Quar li melhor de tot est mon
Vos van servir; mas a vos platz.

Agréablement couvert de blanches fleurs
Et sur lequel chantent de nouveau les hôtes coutumiers,
Je trouvais seule, sans compagne,
Celle qui ne veut de mes consolations.

C'était une damoiselle au corps gracieux,
Fille d'un seigneur châtelain :
Je pensais que le chant de l'oiseau
Lui faisait plaisir, ainsi que la saison nouvelle;
Mais je compris bientôt qu'il en était autrement.

De ses yeux coulaient des pleurs jusque dans la fontaine;
Et de son cœur sortaient des soupirs profonds.
« Jésus, dit-elle, roi du monde,
C'est par vous que s'augmente ma douleur;
Vous m'humiliez profondément,
Car les meilleurs de ce monde
S'en vont vous servir; mais cela vous plaît.

» Ab vos s'en vai lo mieus amicx
Lo belhs e 'ls gens e 'l pros e 'l ricx,
Sai m' en reman lo grans destricx,
Lo deziriers soven e 'ls plors.
Ay ! mala fos reys Lozoicx (2)
Que fai los maus e los presicx,
Per qu'el dols m'es el cor intratz. »

Quant ieu l'auzi desconortar,
Ver lieis vengui josta 'l riu clar.
« Belha, fi m'ieu, per trop plorar
Afolha cara e colors,
E no vos qual dezesperar;
Que selh que fai lo bosc fulhar
Vos pot donar de joi assatz. »

— « Senher, dis elha, ben o crey
Que Dieus aya de mi mercey

» Vers vous s'en va mon doux ami
Si noble, si beau, si vaillant et courtois.
Pour moi, il ne me reste que grande détresse,
Le désirer souvent et des pleurs.
Ah ! sois-tu maudit roi Louis
Qui causes tout mon malheur par ton appel,
Et qui fais pénétrer le deuil dans mon cœur »

Quand je l'entendis se désespérer,
Vers elle je m'approchai, près du clair ruisseau.
« Belle ! lui dis-je, pour trop pleurer
Vous fanerez les couleurs de vos joues.
Il ne faut point vous désespérer ainsi,
Car celui qui fait les bois feuiller
Peut vous donner beaucoup de bonheur. »

— « Seigneur, dit-elle, bien crois
Que Dieu aura de moi merci

(2) Louis VII entreprit la 2e croisade en 1147. La date de cette pièce peut être fixée à l'année 1148. Le retour du roi de France eut lieu l'année suivante.

En l'autre segle per jassey,
Quon assatz d'autres peccadors;
Mas sai mi tolh aquelha rey
Don joy mi crec; mas pauc mitey,
Que trop s'es de mi alonhatz. »

Marcabrun voyagea en Espagne; il fut bien reçu à la cour de Castille où il fit plusieurs *sirventes* qui furent accueillis avec faveur. Le plus remarquable est celui qui a pour sujet l'expédition d'Alphonse VIII, roi de Castille, qui, de concert avec les autres rois, avait fait une ligue pour résister aux invasions des Almoravides (1147). Il se plaint, dans cette pièce, du refroidissement des princes et des grands pour les croisades.

« Je n'ai pas tardé à me rendre auprès de vous, dit-il, au roi de Castille, puisque le Fils de Dieu vous invite à le venger de la race de Pharaon. Vous devez aussi venger l'Espagne et le St-Sépulcre en poursuivant les Sarrasins et en rabattant leur orgueil : Si vous le faites, Dieu sera avec vous.

» Les Almoravides reprennent courage, parce qu'ils voient que les princes chrétiens ourdissent entre eux une trame d'envie et

---

En l'autre siècle par delà,
Car il accorde son pardon aux autres pécheurs;
Mais je sais que ce roi m'enlève
La joie en qui je me fiais. Ah! bien peu tenait à moi
Celui qui s'est ainsi éloigné!

d'injustice, chacun ne voulant se dessaisir de ce qu'il possède qu'à la mort.

» Les seigneurs d'au-delà des monts (1), qui aiment l'ombre, le repos, et à dormir dans des lits somptueux, en ont tout le blâme. C'est en vain qu'on leur prêche d'aller conquérir la terre de Dieu; trop occupés, ils s'en font un prétexte contre la croisade.

» Un jour, il leur faudra bien sortir, les pieds devant, la tête derrière, de ce palais auquel ils sont si fortement attachés (2). »

Marcabrun se réjouissait volontiers du mal qui arrivait aux puissants du jour.

« Il saute de joie, dit-il, lorsqu'il voit dépouillés, à l'heure de la mort, ceux qui ont amassé avec tant d'ardeur : mille marcs d'argent ne leur serviraient pas plus qu'une gousse d'ail pour les garantir de la pourriture. »

Cependant, les monuments écrits de cette époque, traitée par ce troubadour d'une manière si rude, font foi que la société n'était pas aussi corrompue qu'il veut nous le faire voir. On s'aperçoit aisément, à son

(1) C'étaient ceux du midi de la France, qui accouraient toujours au secours de l'Espagne chrétienne, lorsqu'elle était fortement menacée par les Arabes. SAINTE PALAYE, *Poésies des Troubadours, manuscr.*—MARCABRUN, *mss.* 6.

(2) RAYNOUARD, *Choix des Poésies originales des Troubadours,* 2, 3 et 4.— DE ROCHEGUDE, *Parnasse Occitanien.*

exagération, que sa mauvaise humeur lui dépeint les choses sous les plus noires couleurs. Voici l'analyse d'une de ses satires sur les mœurs de son siècle : « Tout le monde, dit-il, est adonné au mal; l'exemple en vient des princes, leurs libéralités sont pour les méchants. — Le bon droit et la raison sont bannis, depuis que l'argent élève les hommes les plus vils aux premières places. — Les seigneurs préfèrent le libertinage à la galanterie, les troubadours font les flatteurs, les femmes ont perdu toute honte, et la débauche s'étend au loin. — Autrefois, c'était pour les maris une grande peine de voir des étrangers dans leur nid; mais, aujourd'hui, ils ne font qu'en rire. — Les fausses et ardentes courtisanes trahissent tout homme qui se fie à elles; elles sont douces comme l'hydromel, mais on les trouve plus cuisantes et plus amères que la morsure du serpent. — Sans argent, ne vous avisez pas de faire l'amour; maudit amour, tu es devenu marchand, je t'envoie au diable. »

Toutes ces déclamations contre les travers de son siècle, il faut l'avouer, sont dues, comme nous l'avons déjà dit, à son humeur chagrine et à un amour-propre froissé plutôt qu'à l'horreur que lui inspiraient les vices dont il parle. Les derniers vers de son *sirvente* nous le font voir :

« Les rois et les dames, ajoute-t-il, mettent le mérite aux abois. Ils ne distribuent ni coupes d'argent, ni manteaux de vair, ni pannes grises, comme au temps jadis. » Mais aussi, Marcabrun ne pouvait trop se faire bien venir de cette société contre laquelle, dans ses moments de colère et de mauvaises passions, il ne pouvait s'empêcher de décocher quelque trait mordant et satirique. Tel seigneur blessé ne pouvait être bien porté à accueillir celui qui venait de trouver le défaut de sa cuirasse. La réputation du troubadour satirique s'étendit au loin, et ses productions furent beaucoup plus recherchées que sa personne. Leur ensemble, sans nous donner de grands détails sur sa vie, est fort remarquable sous le rapport littéraire et historique. Ses tableaux de l'état de la société et de ses mœurs, quoique exagérés, nous peignent assez fidèlement l'époque à laquelle il vivait. Il voulut moraliser ses contemporains, mais il le fit à sa façon, c'est-à-dire avec un cynisme effronté et un insoutenable amour-propre. Son humeur atrabilaire et sa méchanceté le faisaient redouter de tous. On craignait sa mauvaise langue : elle fut cause de sa mort. Ayant fait un sirvente trop mordant sur le châtelain de Guian, celui-ci furieux lui donna la mort.

Du reste, ce Marcabrun était un cœur

ulcéré qui se vengeait sur tout le monde des souffrances qu'il avait endurées dans son enfance. Il était méchant, ne croyait guère aux principes d'honneur que professaient ses confrères. Ecoutons encore un des aveux de ce poète, et déplorons qu'un talent réel pût s'allier à une âme aussi vile qui ne rougissait pas d'employer les moyens les plus honteux pour se procurer les jouissances de la vie.

« Je loue Dieu et saint André (probablement son patron), de ce que personne n'a un plus grand sens que moi. Mais, lorsqu'on avance une chose, il faut la prouver : — On ne me dupe pas aisément; je mange le pain du fou, qui est chaud et mollet, et j'attends que le mien soit rassis. Tant que dure le pain du fou, je l'assure d'une amitié inviolable, et il n'est pas plutôt mangé que je me moque de lui.—Nul ne l'emporte sur moi à la lutte des Bretons (à donner le croc-en-jambes), ni à l'escrime, car je frappe sans qu'on puisse me porter un coup, ni parer ceux que je porte.—Dans la forêt d'autrui, je chasse grandement; je fais clabauder un ou deux petits chiens, tandis que le troisième pousse le gibier avec vigueur. — Je suis plein d'une infinité d'artifices et de talents divers. D'un côté, je porte le feu, de l'autre, je porte l'eau pour l'éteindre, après l'avoir allumé. — C'est ainsi que je veux vivre et mourir... Mon fief est si bien situé et fermé de si bonnes palissades que personne ne peut le forcer...»

Voici venir un véritable troubadour qui chanta l'amour avec sentiment, avec feu et avec une grâce presque inimitable. Ses poésies peuvent rivaliser, pour le talent et le mérite de l'invention, avec les célèbres odes d'Anacréon. Mais Giraud de Calanson, pauvre chevalier de Gascogne, resta simple poète jongleur, sans trop rechercher les dons que pouvaient lui faire les seigneurs de son pays. Il visita l'Espagne, fut bien accueilli par le vainqueur des Almohades, Pierre d'Aragon, qui était lui-même un troubadour distingué. Malgré son grand savoir et le mérite de ses chansons, il fut peu goûté dans les cours de Provence, et les dames ne l'accueillirent que par des refus.

Il en célébra une surtout qu'il ne nous fait point connaître. Ses pensées, sa joie, son trésor, tout est dans cette belle aux cheveux blonds. Il l'aime beaucoup plus loyalement, sans en rien obtenir, que le mari qui la possédait. Il ne désire d'elle que la permission de l'aimer; et, si un jour il était assez heureux pour être son amant, il préférerait ce bonheur à toutes les joies du paradis. Les rigueurs de cette belle le rebutèrent; il adressa alors ses hommages à plusieurs autres qui le payèrent d'espérances qu'elles ne réalisèrent jamais. Cependant, c'est à ces amours malheureuses que nous devons ces chants si remarquables par leurs beautés lyriques. Citons comme exemple ces deux couplets pris au hasard.

Tant es sotils c'om no la pot vezer,
E cor tan tost que res no ill pot fugir,
E fier tan fort c'om ges non pot guerir
Ab dart d'assier don fai colp de plazer,
E no ill ten pro ausbercs fortz ni espes,
Si lansa dreit; e pueis trag demanes
Sagetas d'aur ab son arc asteiat,
Pueis lansa un dart de plom gent a filat.

Corona d'aur porta per son dever,
E non vei ren, mas lai ou vol ferir;
No ill faill nuill temps, tan gen s'en sap aizir;
E vola len, e fai se molt temer;
E nais d'asant que s'es ab jai empres;
E quan fai mal sembla que sia bes;
E viu de gaus, e s defer, e s combat,
Mas no i garda paratge ni rictat (1).

(1) Il (l'amour) est si rusé qu'on ne le peut apercevoir,
Et cependant personne en aucun lieu ne peut l'éviter :
Pour si courageux que l'on soit, nul homme ne peut guérir
Les coups qu'il porte de son dard d'acier;
Un haubert pour si épais qu'il soit ne peut lui résister
S'il vise droit; puis il prend de nouveau
Des flèches d'or dans son carquois luisant,
Et lance d'une main sûre un trait acéré.

Il porte une couronne d'or pour marque distinctive :
Il ne voit rien, si ce n'est le but qu'il veut frapper;
Le temps ne lui manque jamais, tant il sait le bien saisir!
Il vole au loin et se fait grandement redouter.
Le plaisir l'anime constamment
Et quand il fait le mal, on dirait qu'il nous porte le bonheur.
Il vit de gaîté, il se défend, il attaque,
Ne regardant jamais ni à la naissance, ni au pouvoir.

L'humeur joyeuse de son âme pure et candide s'inquiéta bien un peu de ces injustices imméritées ; elle se contenta de les rejeter sur l'esprit inconstant du siècle. Sa muse était sans fiel ; elle n'en eut que pour flétrir le vice.

Giraud de Calençon a laissé un grand nombre de pièces ; presque toutes appartiennent au genre lyrique, et nous détachons encore de l'une d'elles une strophe traduite par M. Raynouard :

« Comme l'année s'embellit par les fleurs
» du printemps et par les fruits de l'automne,
» le monde entier s'embellit par l'amour, et
» l'amour n'a de prix et de gloire que par vous,
» ô la plus parfaite des dames !

» Vous assurez son empire, car tous les
» biens, tous les agréments ont en vous leur
» source inépuisable. Vous réunissez le mé-
» rite, la beauté, la raison ; mais ce qui rend
» vos qualités plus précieuses et plus brillan-
» tes, c'est l'amour. »

On peut remarquer une complainte faite sur la mort de l'infant D. Ferdinand de Castille, fils d'Alphonse IX ; et un *canson* allégorique sur l'amour, qui jouit d'une grande célébrité, puisque, cent ans plus tard, Guiraud Riquier, le dernier des troubadours, prit la peine de le commenter. Mais ce qui le rendit célèbre, c'est sa grande habileté comme jongleur, et son école de Gascogne ne dut pas manquer d'adeptes. Dans un *sirvente* ou plutôt une instruction aux jongleurs, à laquelle il a donné la forme lyrique, il énumère la multiplicité des choses que devait savoir un jongleur. On est frappé d'étonnement en voyant le grand nombre d'instruments en usage au XIIe siècle. Le plus important de tous était la viole qui se jouait avec un archet; il en est certains dont la nature est aujourd'hui fort difficile à déterminer. Les instruments en vogue étaient : le tambourin, les castagnettes, la symphonie, la mandore, le manicorde, la rote à 17 cordes, le psaltérion, le chalumeau, la lyre, les timballes (1).

Tout bon jongleur doit savoir raconter et chanter les poèmes et les aventures tant sacrées que profanes. Prenons quelques noms

(1) Taboreiar
E tauleiar
E far la semfonia brugir,
E sitolar
E mandurcar...
Manicorda
Una corda
E sedra, c'om vel ben auzir,
Sonetz nota,
E fai'z la rota
A XVII cordas garnir.
Sapchas arpar
E ben temprar
La gigua e' l sons esclarzir

Joglar leri
Del salteri
Fara X cordas estrangir.
IX esturmens
Si be' ls aprens'
Ben poiras fol esferezir;
Et estivas
Ab vots pivas
E las lyras fai retentir,
E del temple
Per issemple
Fai tots las carcavels ordir.
(FADET JOGLAR.)
Manuscr. de l'Arsenal.

XXXVII

dans cette longue nomenclature. Ce sont : les aventures d'Enée, de Pélée, d'Ismaël et de Camille, le grand vainqueur des Sabins. Ensuite viendront les hauts faits de Judas Machabée, du roi Turnus qui sortit de Montauban d'une manière si triomphante, et de Pyrrhus qui fit mourir Lycomèdes. Le jongleur devra encore dépeindre la vengeance de Vénus, l'enfance de Pâris au milieu des bergers, la destruction de Troie avec la punition de Nathan et d'Amon.

On peut juger par là que Giraud de Calençon était fort savant pour son époque et que, peut-être, il était auteur de plusieurs de ces poëmes. Le savoir qu'il exige de son parfait jongleur ne sera pas complet, s'il n'y joint la science primitive de ses devanciers, la mimique et la parade burlesque. Il fallait donc qu'il fût acrobate et prestidigitateur. Il devait, faire voltiger des pommes sur la pointe de deux couteaux, imiter le chant des oiseaux, sauter à travers quatre cercles, montrer des singes et les contrefaire, élever des chiens à se tenir avec un bâton sur deux pattes ; enfin, de tour en tour, faire la roue, courir et bondir sur la corde tendue (1).

1)   E paucx pomels   Apren mestier
         Ab II cotels   De simier,
Sapchas gitar e retenir,   E fay los avols escarnir;
        E chans d'auzels,   De tor en tor

Sans doute, Giraud de Calençon dépeint ici tout ce que faisaient les jongleurs, même certains d'entre les troubadours qui, comme Marcabrun, se vantaient de leur adresse merveilleuse; mais la plus grande partie des troubadours jongleurs se contentait de la musique, essentiellement nécessaire pour prêter un caractère distinctif aux vers qu'ils composaient eux-mêmes ou qu'ils empruntaient aux autres troubadours en renom. Giraud de Calençon fut un poëte remarquable; il chanta les douceurs de l'amour et ses tourments en homme qui en a éprouvé les atteintes. D'ailleurs, à ses yeux, l'amour était le dispensateur de tout ce qui ennoblit le cœur de l'homme et la source de tous ses bons sentiments. On ignore l'année de sa mort. Son instruction aux jongleurs est dédiée au jeune roi d'Aragon. Il vivait donc encore avant 1213, époque de la mort de ce prince tué à la bataille de Muret.

Gausbert Amiel et Pierre de Valeria n'ont pas été aussi heureux que leurs prédécesseurs; leurs chants se sont perdus, et il ne reste que la

> E bavastels
> E fay los castels assalhir.
> E per IV selcles salhir.
> Tom de gosso
> Sobr'un basto
> E fay l'en II pes sostenir.
>
> Sauta e cor,
> E garda que la corda tir,
> Ta rudela
> Sia bela
> Mas fay la camba tortezir.
> (FADET JOGLAR.
> Manus. de l'Arsenal.)

trace fugitive de leur mémoire. Pierre de Valeria fut, dit une courte biographie, un assez bon chevalier de la terre d'Arnaud de Marsan (1). Son confrère fut pauvre chevalier, mais vaillant et courtois. Il sut bien *trouver*, et personne mieux que lui ne sut célébrer la beauté des dames. Ses vers, d'un rythme fort remarquable, étaient très goûtés. Malheureusement, il ne nous reste de lui qu'une strophe insignifiante qui ne peut guère le faire apprécier (2).

La plupart des historiens qui ont traité de l'histoire critique des Troubadours attribuent à Géraud de Labarthe, archevêque d'Auch, un remarquable *sirvente* contre les auteurs et les chefs de la croisade albigeoise. Ce ne peut être lui en aucune façon. Au contraire, ce prélat avait pris une part fort active dans les différentes condamnations prononcées contre les hérétiques, notamment au concile de Lombers, et, d'ailleurs, il était mort (1204), avant la prédication de la croisade. Les manuscrits se contentent de désigner l'archevê-

---

(1) Peire de Valeria si fo de Gascoingna, de la terra d'en Arnaut-Guillem de Marsan...

(2) Gausbertz Amiels si fo de Gascoingna, paubres cavalliers é cortes bon d'armes; a sup trobar, é non entendet mais en domna plus gentil de se, é fe los siens vers plus mesurats de homs que anemais trobes.

DE ROCHEGUDE. *Parnasse Occit.*

que d'Auch. Ce ne peut être que Bernard de Montaut, qui occupa ce siége depuis 1204 jusqu'en 1214. Cet archevêque, remarquable par son talent, était l'ami intime du comte de Toulouse, Raymond VI; il refusa de sanctionner cette injuste guerre qui venait ensanglanter le midi. Presque seul, que pouvait-il faire? On le calomnia à la cour de Rome, et on l'engagea à se démettre de son archevêché. Il se justifia.

Il fut le négociateur fidèle du comte Raymond; aussi l'abbé de Cîteaux, Arnaud, le traitait-il avec peu d'égards. Il alla ensuite à Rome, où il éclaira le pape sur le but avéré de la croisade. Mais on ne se tint pas pour battu; on ameuta contre lui son chapitre et la plus grande partie de son clergé, qui se plaignirent en cour de Rome, en l'accusant de mauvaises mœurs et d'être un des fauteurs de l'hérésie. Le pape fit examiner la conduite de l'archevêque par ses suffragants; on refusa d'entendre sa justification. Simon de Montfort régnait en maître après la bataille de Muret; le comte d'Armagnac n'osait bouger : c'est pourquoi, la déposition de Bernard de Montaut se fit sans difficulté, et le nouveau comte de Toulouse plaça sur le siége devenu vacant Garcias de l'Hort, une de ses créatures.

Depuis cette époque 1214 jusqu'à la fin du moyen-âge, la Gascogne n'a plus produit de poëtes. Néanmoins, dans quelques-unes de ses abbayes se conservèrent de précieuses traditions qui se transmirent jusqu'au xvie siècle.

Par la création du collége de la GAYE SCIENCE, le xive siècle avait fait à Toulouse un effort pour remettre en honneur la langue romane. Cependant, nous ne trouvons pas un seul poète gascon venant prendre part à ces nouvelles luttes poétiques. Pétrarque lui-même, qui séjourna longtemps à Lombez auprès de l'évêque de cette ville, n'eut pas assez de puissance pour réveiller la poésie romane endormie au milieu de la Gascogne. Lui, cependant, l'étudiait, la savourait dans sa retraite de Lombez où se trouvaient plusieurs de ces trésors littéraires.

Mais aussi, reportons-nous vers cette malheureuse époque où la Gascogne était opprimée par la domination anglaise et tourmentée par les luttes meurtrières des Armagnac, des Comminges, des Béarn, des Albret et de tous les autres seigneurs de cette contrée, et notre étonnement cessera. Que pouvait faire la poésie au milieu de ce chaos? Toutefois, le dialecte gascon, s'il ne fit pas de grands progrès, conserva presque toute sa pureté. Il était la langue usuelle de tous les habitants de la Gascogne, quel que fût leur rang.

Au souffle puissant de la renaissance qui fit triompher l'idéalisme sur le mysticisme, au bruit produit par ce grand mouvement du xvie siècle, les esprits secouèrent leur torpeur; ils furent ramenés vers l'étude de l'antiquité et ils retrempèrent aux pures sources latines les idées qui renaissaient sous une forme bien plus grande. La Gascogne fut une des premières provinces à y participer. Par la disparition des comtes de Comminges, des maisons de Bigorre et des turbulents Armagnacs, elle avait sous la maison d'Albret recouvré son unité. Le pape Jules II, par une révoltante iniquité, cédant aux instigations de l'Espagne, venait d'anathématiser Jean d'Albret, roi de Navarre. Ferdinand s'était saisi aussitôt du royaume de ce prince. Le roi de Navarre et sa femme Marguerite, réduits à leurs domaines de Gascogne, conçurent, dès ce moment, contre Rome une haine violente, irréconciliable.

Déjà, cette belle reine, sœur de François Ier, avait apporté dans son nouveau pays le goût de la renaissance littéraire. Elle favorisait de toute son influence les idées nouvelles de réformation. Dans son *Heptaméron*, elle déversa des flots d'ironie et les sarcasmes les plus amers sur l'influence pernicieuse du clergé de cette époque; comme moyen de vengeance, elle saisit l'arme terrible de la réforme. Elle s'en déclara hautement la protectrice et ne craignit pas d'attirer à sa cour quelques-uns des nouveaux apôtres. Ils eurent de nombreux disciples qui semèrent la parole évangélique dans toute la Gascogne. Presque tous employèrent la langue vulgaire qui acquit bientôt son entier développement. La prose gasconne était restée stationnaire depuis le XIe siècle. Sa forme était naïve et agréable; elle revêtait même dans l'occasion une finesse que plus tard elle ne conserva pas toujours. Les monuments qui nous en restent sont assez rares ; cependant, nous pouvons en offrir, siècle par siècle, un spécimen assez curieux :

Extrait d'un Testament de 1159.

Nos Arnaut B. d'Armaiac reconeisem qu'en Guiraud d'Armaiac nostre frai, comte de Fezensac et d'Armaiac, ab bolentat de nos a dat franquement lo casau quius ten de la une part dab la vighe deus canonilhes, a Diu e a la maison de madaune Sente Marie d'Auxs, é aus canonilhes de la dite maison, aus presens e aus abiedors, e qu'el dit Guiraud a recebuts del avant dit casau cinq cens sols de bos morlas dels avants dits canonilhes d'Auxs, e que del dit casau nos em debestids, en avem bestids los dits canonilhes d'Auxs.

Monlezun. *Hist. de Gascogne*, t. 6, p. 436.

Autre de 1230.

Si Deus fa son plazer de mi, ordeni à Manced mon cors per sepelir, e laisi mon caual, e mon palafre, e mon solmer e mon leit, e mas armos e alber, e calces, cobertas, à elm. E laisi mandat à la Dona Segui ma moler, que fasa clause lo cimeteri de mur, e qu'ei fasa uana capela, deuant or uns capelas cante tot die messe sober l'altar de Sante Marie, en remission de nostes pecads.

(Id. p. 337.)

On voit dans ces deux extraits des mots conservant entièrement la forme latine, et d'autres qui commencent à la perdre. Au siècle suivant, la phrase se dégage d'une partie de ses entraves et commence à prendre l'allure de notre langue moderne. On peut voir aussi que la forme en est plus soignée.

1281.

Item que los ditz habitans deu dit loc de Montbernard poscan las filhas marida la ont lor plasera é a lor voluntat, he lors fils metré en estudi, ho en religion, a lor propria voluntat. Item que nos ne nostré bayle, no preneran aucun habitant deu dit loc de Montbernard per forsa, ne autrament au dit habitant en cors ne en bens, ab so que het bailhe fermanses d'estar en dret, exceptat per mustré ho mort de homé, plaga mortau, ho autré enomé caz ho délicté per los caus, son cors é sos bens a nos degosan estre bengutz per en cos si noù que per forfeytz a nos, ho a nostras gens cometuz.

Extrait des coutumes de Montbernad aujourd'hui la Castagnère.—MONLEZUN. *Hist. de la Gascogne*, t. 6, p. 107.

Le fragment suivant est beaucoup plus littéraire que les autres ; il appartient au commencement du XIVe siècle où la prose revêtait la forme littéraire. L'ouvrage, auquel nous l'empruntons est fort remarquable ; on y voit de quelle manière la Bible était interprétée par les idées du moyen-âge :

— Tharé, père d'Abraham, adorait les idoles; étant parti pour un voyage, il recommanda à son fils de soigner les lampes allumées devant leurs autels. Mais Abraham usa du stratagème suivant pour convaincre son père de l'impuissance de ses faux dieux. Il entra dans le temple et se mit à les briser :

Vers 1300.

E cant las ot totas treucadas e rotas anet s'en à la major de totas las autras, e donet li III colps, en guisa que ren non en rompet, e pueys pauset li la destral al col e yssit del temple e serret ben las portas, seguon que son payre las abia layssadas.

E cant son payre fo vengut, dis li si avia alumenat las lampezas del temple, e Abraham respondet : Non ay suy ausat intrar, no say so que aquelos Dieus tiens; cre que son causas malezits que jeu ay ausida alcuna batalha entre 'ls que tant gran bruda ya agut huey tot jorn en lo temple, que gran meravilla es aguda; car yeu non suy mort huey de paor, tan grans tabuysses e tant gran bruguisent an huey menat dedins lo temple.

La femme de Putiphar, courroucée de n'avoir pu triompher de la vertu de Joseph, dit à son mari :

Avez en tieu alberg un malvays tractor e caytieu e fal p...nier; castias lo car el m'a mol agreviada, e m'a volguda forsar e violar.

Commentaire de la Bible. Manuscrit de la bibliothèque de l'Arsenal, n° 355.

Vers 1350.

Asso son las ordonansas feytas per mossen l'afficiau

d'Aux e los senhors jutges de cado part e los senhors cysehls d'Aux sur los renegamens et blasphemmamens que se hen de jorn en jorn en li ciutat d'Aux e en las pertinensas contro Diu, nostre senhor, e la Vergés Maria.

Prumerament que tot home e tota fempna que renegue Diu e l'augusta Maria, e los despeyto per paraulos o maneyras de parlar, que lo dimenge a prop que l'aura renegat o despieytat sia tengut de star ses capayro, sinto caussos e sabatos, cap nut e pe nu, tant quant la missa parrochiau se dira lo dit dimenge, ab una candela alucada en la man en la porta de la gleysa parrochiau de la parrochia en laqual sera habitant, e mes sia tengut de pagar cinq sols tornes correns, la mitat applicados à las obras de la dicta gleysa e l'autra mitat au bayle de la juridiction en que demora.

P. LAFORGUE. *Histoire de la ville d'Auch.* Preuv.

1446.

E tot ome que sia prés ab fempna maridada o tota fempna que sia pressa ab ome molherat ambebos correran la bila tots nutz e nutz liatz de una corda estucats au poutiou, e s'acordaran del tot ab nostre rasonablament.

E si alcuns ome o alcuna fempna lor o donaba en retrecht, quant auran corregut, deu se gatjar en xx p., arnauderes al bayle e dressara la auta a daquel o a daquela a qui aura retrach ab albire del bayle e de sa cort. Si l'ome o la fempna que aura corregut sen rencura a lor, empero lo senhor ny lo bayle no deu prendre ni pot ome ni fempna en adulteri sens dus almens o mays del cosselh, o dab autres proomes de la dita bila e que sian trobatz nutz e nutz o bragas treytas.

Coutumes de Castéra-Bouzet.—MONLEZUN. *Hist. de la Gascogne*, t. 6, p. 97.

1538

Pierres de Farbaust..... et confessa tenir en fé e homage deu dit senhor viscomte de Marsan las dites terres senhorios fuiscentes en lodit denombrement declarades e tenent sas maas juntes enter las maas deu dit senhor évesque. Sus le libe missau, *te igitur* et sante crots dessus paussade, jura que lui sera bon, leyau subject e vassal au dit senhor viscomte de Marsan e sous successors, e de sa person e de sous infans e succesors, honors, biens, terres, juridictions à son poder e saver gardera e defendera envers e contre totes personnes deu mon, saub lo rey soviran, e no se trobera en loc ni en place ond se face augune conspiration contre luy, e quand augune enbierra à sa notice, lon avertira lo plus promtement que poyra et a daquere de tot son poder obbiara, bon conselh lo balhera. quand requerit en sera, etc.

Archives du château de Pau.—Monlezun. *Histoire de la Gascogne*, t. 6, p. 477.

Bedout qui écrivait au commencement de 1642, a dégagé dans ses œuvres en prose notre dialecte des imperfections que nous avons remarquées dans les divers passages que nous venons de rapporter. Cela nous prouve que la prose comme la poésie auraient pu acquérir un haut degré de perfection; et si l'unité de la France ne s'était pas accomplie, cette belle province que la Garonne entoure de son cours circulaire posséderait une langue sonore, flexible, à laquelle n'auraient pas manqué des écrivains qui l'eussent rendue célèbre.

La cour de Navarre, par la protection constante qu'elle accordait aux Lettres, avait réveillé, avons-nous dit, l'instinct poétique de la Gascogne. Cette province voulut avoir aussi sa renaissance littéraire. De nombreux poètes, se rappelant la célébrité dont avaient joui les troubadours, prirent, à leur exemple, la lyre pour chanter l'amour, les beautés de la nature et les héros de leur pays. Mais les progrès du temps avaient apporté, avec l'étude des littératures antiques, d'autres mœurs, d'autres idées, et le retour vers le passé n'était plus possible.

Nos modernes troubadours se levèrent sur tous les points du midi de la France et de la Gascogne principalement. Ce sont tous des poètes savants qui revêtent les pensées empruntées aux autres littératures des formes de leur langue maternelle. On éprouve parfois une pénible impression à voir dans notre idiome cet étalage d'érudition; car les personnages empruntés aux théogonies païennes sont pour nous des étrangers avec lesquels nous ne pouvons sympathiser. Mais toutes les fois que nos poètes, laissant de côté cette littérature d'un autre âge, s'inspirent de leurs propres sentiments, de leurs peines, de leurs plaisirs, enfin de tout ce qui fait vibrer la fibre poétique, alors leurs œuvres respirent la grâce et la fraîcheur de la plus pure poésie.

Tous, à l'envi, tournèrent les yeux vers Clémence Isaure qui avait encore des récompenses pour ceux qu'inspirait la langue romane; ils firent de ses fleurs une abondante moisson.

Le premier qui se présenta fut Pierre de Garros, né à Lectoure en 1484. Plusieurs de ses pièces furent couronnées en 1557. Clément Marot avait traduit en vers français les psaumes de David; mais ils ne pouvaient être utiles aux réformés de la Gascogne, qui n'entendaient guère le français. Pierre de Garros qui avait embrassé les opinions nouvelles les traduisit en gascon (1). Cette traduction eut un grand succès. Son auteur fut bienvenu auprès de la reine de Navarre, qui l'encouragea et fit répandre dans ses Etats l'œuvre de son protégé. Garros s'était lié avec l'italien Jules-César Scaliger, qui habitait Agen et qui était le premier érudit de son siècle; il fut de même l'ami de son fils, J.-J. Scaliger, qui vint le visiter plusieurs fois à Lectoure. Deux années après avoir fait paraître sa traduction des Psaumes, il réunit ses poésies diverses et les publia à Toulouse (2). On a encore de lui un sonnet sur la sépulture de Clémence Isaure et sur les motifs qui engagèrent à placer la statue de cette dame dans une des salles du Capitole. Cet auteur jouit, de son vivant, d'une grande réputation; il

(1) Psalmes de David, virats en rimés gascounes, per Pey de Garros Leytorez, in-8°. Tholosa, Jacques Colomiez, 1565.

(2) Poésies gascounas de Pey de Garros, in-4°. Tholosa, 1567.

mourut à Lectoure, presque centenaire, en 1584.

Nous devons aussi comprendre au nombre des poètes qui ont composé en langage gascon Guillaume Saluste, seigneur du Bartas, né près d'Auch en 1545. Il fut un des premiers gentilshommes de ce pays, qui, avec Pierre de Garros, cultivèrent les belles-lettres. Son érudition était remarquable. Il composa un poème où il chanta les merveilles de la création. On y trouve d'admirables morceaux, et les défauts qu'on lui reproche furent ceux de son temps, et surtout ceux de son pays.

Il fit aussi plusieurs poèmes en langue gasconne, perdus aujourd'hui, à l'exception d'un seul; c'est celui de la Nymphe gasconne qui, victorieuse de ses deux rivales, les Nymphes latine et française, vient complimenter Marguerite et son époux Henri, roi de Navarre, lors de son entrée à Nérac. Du Bartas eut une grande influence à la cour de Navarre; il fut envoyé tour à tour en Angleterre et en Ecosse pour suivre des négociations importantes. Le roi Jacques voulait le fixer à Edimbourg auprès de sa cour; il ne put le retenir. Du Bartas était aussi homme de guerre; il combattit vaillamment à la journée d'Ivri, et il chanta le triomphe de son compatriote. Il mourut auprès de Condom.

D'autres poètes vinrent après Garros, mais

leurs succès furent moins éclatants. Ce sont Nicolas Monestier, qui reçut la *violette* en 1604; Jean Trébos, dont les vers méritèrent l'*églantine* en 1606, et Bertrand Larade de Montrejeau, qui reçut aussi l'*églantine* en 1610. Ce dernier publia deux recueils de ses œuvres, dont le plus curieux porte le titre de la *Margaride gascoune* (1). Il aborda l'idylle, l'ode et surtout la satire qu'il lança sans trop de ménagements contre ses concitoyens. Sébastien de Pagos et Sébastien de Cotray (1619) obtinrent ensuite, le premier, la *violette* (1611), et le second l'*églantine*. Il ne reste aucun souvenir de leurs œuvres.

Nous voici arrivé à l'époque où fleurirent les poètes les plus distingués du département du Gers. En suivant l'ordre chronologique, nous trouvons Guillaume Ader, né à Saramon, certains disent aux environs de Lombez, vers 1688. Il fut célèbre médecin; il exerça son art à Toulouse où il publia deux ouvrages fort curieux. Dans le premier, il tâcha de prouver que les maladies guéries par Jésus-Christ étaient incurables de leur nature et que, par conséquent, le miracle était réel; dans le second, il traita de la peste et de ses funestes effets. Mais, avant de consacrer tout son temps à la

---

(1) In-12. Tholose, 1604.

science, il avait donné quelques années de sa jeunesse à la culture de la Muse gasconne. Il était personnellement connu d'Henri IV qui l'aimait et avait voulu l'attirer à sa cour. Le duc d'Epernon était son ami, et il lui dédia un petit poème divisé en quatre livres, consacré à chanter les hauts faits d'Henri IV (1). Il y emploie presque continuellement l'allégorie; mais, dans cette petite Henriade, on trouve d'heureux détails, des peintures fidèles et une couleur locale que n'a pas celle de Voltaire. Il y dépeint avec énergie les combats et toutes les difficultés qu'eut à surmonter Henric Gascoun (2), (c'est ainsi qu'il le nomme dans tout le cours de son poème), avant de ceindre la couronne de France (3). Ader a laissé encore un tout petit

---

(1) Voy. p. 85 de ce recueil le début de ce poème.

(2) Au XIIe et au XIIIe siècles, l'influence toute particulière de la Provence fit donner aux habitants du midi le nom de provençaux par le nord de la France. Quand l'influence provençale se fut perdue et qu'elle eut fait place à celle de la Gascogne, les gens du nord, frappés des hauts faits d'Henri IV qui, avec ses fidèles Gascons, avait conquis un trône, malgré la ligue et la puissance de l'Espagne, désignèrent les méridionaux sous le nom de Gascons. Mais sous Louis XIII et Louis XIV, on ne put leur pardonner d'avoir mis un roi sur le trône. Aussi s'attacha-t-on à décrier leur courage et à ridiculiser leur langue. Cependant, de temps à autres, la Gascogne impose toujours aux gens du nord, soit un roi, soit un maréchal de France, ou bien encore des ministres et des hommes d'état.

(3) Voici le titre de ce poème : *Lou gentilhome gascoun é lous heits de gouerre deu gran é pouderous Henric Gascoun,*

poème intitulé *lou Castounet Gascoun* ou le *Petit Caton* (1). C'est une espèce d'allégorie où il vante les vertus de l'antiquité. On ignore l'époque de sa mort.

Un homme qui aurait pu briller parmi les poètes français, si sa modestie et son peu d'ambition ne l'en avaient empêché, fut Louis Baron, né à Puyloubrin en 1612. Son père était avocat au Parlement de Toulouse et remplissait les fonctions de juge dans une partie du comté d'Astarac. Baron, dans sa jeunesse, montra les plus heureuses dispositions pour la poésie. Nous n'examinerons pas ici le mérite du poète français; nous ne le considérerons que comme poète gascon.

N'étant encore qu'écolier, il adressa les vers suivants à Goudelin, qui venait d'ajouter une nouvelle fleur à son *Ramelet-Moundi*.

> En tant qu'on prezé per aci
> La girouflade, le souci
> L'eglantine d'am la bioulette,
> Nou se gauson pas esplandi
> D'espei qu'el RAMELET-MOUNDI
> A crescut d'une autre flourette.

Baron embrassa la carrière du barreau, où il

---

rey de France et de Naouarre, *boudat à mounseignou lou duc d'Espernoun* per GUILL. ADER. In-8°. Tholose, Ramon Colomiés, 1610.

(1) In-8°. Tholose, Ramon Colomiés, 1610.

eut de grands succès; il l'abandonna pour se livrer à son goût pour l'étude. Sans ambition, content d'une honnête médiocrité, il revint auprès de son vieux père. Il reçut une triple couronne des mains de l'académie des Jeux Floraux qui se hâta de l'admettre dans son sein. Ses plus belles poésies sont composées dans l'idiome gascon (1) qu'il aimait tant à parler. C'est dans sa retraite que la mort du chantre de la belle Liris vint le frapper dans ses plus chères affections. Il avait toujours été lié d'une amitié fort étroite avec Goudelin; aussi paya-t-il son tribut de regrets à la mémoire de son ami, et son cœur exprima dans une ode ses regrets et son admiration pour le poète toulousain. En voici quelques strophes (2) :

> La flou que prengoug de sa man
> Nou pergoug pas lou lendouman;
> Aquére en pourtec més de mile,
> E deus broutous d'un pé soulet
> Se coumpouset lou Ramelet
> Qui flaire per toute la bile.

> Qui nou sab pas que sas cansous
> Fournichen toutes las douçous
> Que pot demanda la musique;
> Près d'un cap d'obre ta plasent,
> En la bouque deu maudisent
> La lengue beng paralitique.

(1) Voy. p. 86 et suiv. de ce recueil.
(2) Œuvres de M. d'Orbessan, t. II, p. 133.

Toulouse ! tu n'oun podes més.
Roume a perdut per tout jamés
Sous Houraces e sous Birgiles,
E la Grece a bist entutat
Soun Homére qu'a meritat
D'este bourgés de tant de biles.

En touts aqueris esperits
Qui soun estats ta fabourits
De las hilhetes de Memorie,
Enqouère que perden lou cos,
Lechen au bach force échos
Que retentissen de lour glorie.

Atau deu famous Goudoulin
Lou renom n'aura james fin,
E sas flouretes ta bantades,
Dab lou lustre qu'an meritat,
En casau de l'éternitat
Se beiran tout james plantades.
   (Manuscr. de M. Daignan, p. 253.)

Il connut presque tous les poètes de son temps. Il fut lié d'amitié avec d'Astros qui lui adressa une épître sur les charmes de son village de Puyloubrin (1). Il ne paraît pas cependant avoir eu des relations avec G. Bedout, dont l'orgueilleux caractère et l'amour-propre insoutenable ne pouvaient s'accommoder de la modestie d'un homme qui lui était parfois supérieur. Les personnages les plus marquants de la province le visitaient dans sa retraite ; c'étaient les d'Orbessan,

---

(1) Mss. de M. d'Aignan. Biblioth. d'Auch.

président du Parlement de Toulouse, Berthier, l'évêque d'Aire, etc.

Baron mourut à l'âge de 51 ans en 1663.

Nous voici arrivés au poète dont nous publions les œuvres. Gabriel Bedout était né à Auch vers 1606 ; son père, Georges Bedout, était médecin et remplit, en 1626, les fonctions de consul ; sa mère était Antonia de Lafond. G. Bedout étudia le droit à Toulouse où il se fit recevoir avocat. La capitale du Languedoc était alors exclusivement livrée à la littérature. Goudelin, par ses œuvres immortelles, avait remis en honneur le culte de la langue romane, et, autour de lui, une foule de poètes suivaient son impulsion. Né avec des dispositions poétiques, notre auscitain se mit à composer, à l'âge de 19 ans, un poème qui fut très goûté, *la Solitude amoureuse*. Malgré l'inexpérience de l'auteur, on y remarque une versification heureuse et facile.

Mais Bedout avait un amour-propre exagéré que ses amis augmentaient encore par des louanges ridicules. Aussi se crut-il le premier poète de son temps. Il paraît qu'il n'entretint aucun rapport avec ceux qui vivaient alors à Toulouse ou dans la Gascogne. Jaloux sans doute de leur mérite, et ne trouvant pas auprès d'eux le concert de louanges qu'il avait coutume d'entendre, il dédaigna leur commerce. Durant son séjour à Toulouse, il aurait pu se lier avec Goudelin; cependant, nous ne trouvons rien dans ses œuvres qui nous indique qu'il l'ait fréquenté.

Dans une des préfaces de son *Parterre*, il annonce qu'il donnera bientôt ses œuvres françaises. On ignore s'il les fit paraître. Si ses vers français sont semblables à ceux d'un petit poème qu'il composa sur les peintures de l'église des Pénitents bleus de la ville d'Auch, nous ne devons guère en regretter la perte. Nous en détachons la strophe suivante qui est la meilleure, et l'on jugera de sa manière de faire.

> Louys, cette vivente image
> Du Dieu dont vous êtes l'ouvrage,
> Ce prince favori des cieux
> Vous témoignent par sa tendresse
> Que votre sac luy plaisait mieux
> Que le sac d'une forteresse.
>
> Mss. d'Aignan.

Parlons plutôt de ses œuvres gasconnes. Elles ont pour titre : LOU PARTERRE GASCOUN, COUMPOUZAT DE QUOUATE CARREUS (1). Cet auteur avait du mérite comme poète; on peut s'en convaincre en lisant sa *Solitude amoureuse*, *la Mort d'un Gat*, *les Plaintes de Dorimon*,

---

(1) A Bourdeus, de l'imprimarie de Pierre du Coq, à la Carrère St-Jaymes, 1642. C'est sur l'exemplaire de la bibliothèque d'Auch, le seul connu, que nous donnons cette édition.

quelques-unes de ses épigrammes (1) et de ses poésies sacrées. Son chant royal est un petit chef-d'œuvre. On remarque dans tout le cours de son ouvrage une tendance secrète à imiter Goudelin; il le fait parfois avec beaucoup de bonheur.

Ce qui doit rendre précieux cet auteur, c'est qu'il a écrit une partie de ses œuvres en prose gasconne (2). Nous pouvons juger par là que la langue parlée, il y a deux cents ans, dans Auch et les environs, a subi de notables changements. On peut voir aussi qu'elle se prêtait facilement à exprimer les pensées les plus diverses de l'auteur. En résumé, Bedout jouit de la réputation d'un homme d'esprit; il faisait les vers avec facilité; ses expressions et ses tournures de phrases sont heureuses. Il ne put s'empêcher de sacrifier au mauvais goût de l'époque, importé de l'Espagne et de l'Italie, qui faisait trouver plaisantes certaines manières de parler communes et triviales. Nous ne pouvons déterminer l'époque de sa mort. C'est le poète le plus remarquable qu'ait produit la ville d'Auch; et pourtant son souvenir paraît effacé, car, dernièrement, le Conseil municipal de cette ville,

---

(1) J'en ai retranché quatre ou cinq trop cyniques et disposé dans un meilleur ordre les pièces du troisième carreau.

(2) Voy. le second Carréu, pag. 19.

dédaignant sans doute les gloires littéraires, a refusé de donner le nom de Bedout à une de ses rues.

Gauthier, dont les vers ne célèbrent que le *jus divin*, était né à Lombez; il vint fort jeune à Toulouse où il se fixa. Ses œuvres où le dialecte languedocien prédomine se trouvent imprimées à la suite de la 2ᵉ et 3ᵉ édition de Goudelin. Ce poëte avait un caractère joyeux, plein d'entrain; son esprit était prompt à trouver un côté plaisant à toute chose sérieuse. Il ne respirait qu'un amour, celui du vin, et avait contre l'eau une insurmontable horreur. Plusieurs de ses pièces sont remplies de malédictions contre ce froid liquide dont la vue seule lui cause des frissons et qu'il se vante de n'avoir jamais goûté. Voyez plutôt :

> Que l'aygo de la foun sio fado,
> Que la de la mar sio salado,
> Que la del pouts nou balgo res,
> N'ou sabi que per augi dire;
> May qui ne beugo que s'au bire,
> Que per mi, jamay noun è pres.

La ville de Lectoure avait été longtemps au pouvoir des Huguenots qui en avaient chassé l'évêque. Prise et reprise par les calvinistes et les catholiques, cette ville avait eu beaucoup à souffrir des guerres religieuses. Le duc de Rohan, chef des calvinistes sous Louis XIII, s'en était emparé en 1615; il en fut chassé par le duc de Roquelaure, et l'évêque rentra en possession de son siége épiscopal. Depuis lors, les magistrats et les habitans de Lectoure redoublèrent de vigilance afin d'éviter toute surprise. Ils poussèrent si loin leur méfiance qu'ils prirent pour des Huguenots des paysans qui cherchaient pendant la nuit des escargots dans les vignes voisines à la lueur de quelques flambeaux. Cela causa une grande émotion dans toute la ville; elle se prépara à soutenir un assaut. Au jour, on s'aperçut de la méprise. Lucas, conseiller au parlement de Toulouse, fit sur cette aventure un poème satirique plein d'esprit et de verve poétique (1).

La langue gasconne eut dans d'Astros un adepte fervent. Ce poète était né vers 1610 à St-Clar de Lomagne. Après avoir fait à l'Université de Toulouse d'excellentes études, d'Astros rentra dans son petit domaine où il s'adonna à la poésie et aux lettres. Il s'attacha surtout à faire ressortir le mérite de la langue gasconne, principalement celui du dialecte de son pays :

> Goüé, qu'es la soulo légitimo,
> Qu'es la flou, la perlo é la primo,

(1) Cette pièce a été imprimée dans le temps. On ne la trouve plus aujourd'hui, et c'est sur les manuscrits de M. Daignan (Bibliothèque d'Auch) que nous en donnons une nouvelle édition, p. 106 de notre recueil.

> Que parlo lou gascoun courau,
> Lou gascoun blous é naturau,
> En un mujoulet de sét léguos;
> E sas besios soun de péguos
> Que se hén un salmigoundin
> D'Estaragues ou de Moundin,
> Deou Riberenc ou deou Gabachou,
> Deou Lanusquet...

Il s'élevait souvent contre certains de ses concitoyens qui affectaient d'ignorer leur langue maternelle :

> Crey me, Gascoun, n'ajos bergougno
> De noste lengüo de Gascoüigno,
> Ni de l'augi, ni d'en parla
> Coume à Laytoure é à St-Cla.

Les deux poèmes de d'Astros, *le Trimfe de la Lengue gascoune ou les Playdejats de las quoüate Sasous et deous quoüate Elemens*, outre leur incontestable mérite, nous démontrent que cet auteur était très versé dans les sciences. Ses descriptions sont vives, animées, simples, prises surtout au naturel (1). L'auteur suppose que les saisons et les éléments se disputent la primauté. Plaideurs et plaideuses, pour vider le différend, conviennent de prendre pour arbitre un des pasteurs des bords de l'Arax, qui prononcera en dernier ressort. La naïveté de ce berger, son bon sens nous ramènent vers les églogues de Virgile ; il se

---

(1) P. 69 et suiv. de notre recueil.

garde bien de faire des mécontents. Après avoir écouté et applaudi le plaidoyer de chacune des parties, il leur donne à toutes et tour à tour droit et raison.

D'Astros voulut connaître Goudelin; il lui envoya une ode dans laquelle il le proclame maître du PARNASSE MOUNDIN(1). A son tour, le chantre de Liris lui répondit qu'il méritait l'honneur de la muse gasconne (2). D'Astros visitait souvent Baron dans sa retraite de Puyloubrin : il mourut à Saint-Clar dans un âge très avancé.

Après d'Astros viennent quelques poètes d'un mérite inférieur, comme Jean de Lacary (1636), de Loulme de Beaumont-de-Lomagne, Balthasar d'Auch (1672), et Boudet (1656) qui, presque tous, obtinrent des prix aux jeux floraux. Quelques-unes des poésies de Boudet furent traduites en latin. Bauduer, de Peyrusse, qui composa des poésies françaises assez estimées, en a fait plusieurs en langue gasconne. C'était un prêtre fort savant, qui professa longtemps la philosophie au collége de Guyenne, à Bordeaux. Plusieurs de ses contemporains le félicitèrent, tels que

---

(1) Voy. la signification de ce mot, p. 143 du Dictionn.
(2) Bostro gentillesso me douno
  Le be de forço qualitats;
  Més aco's bous que meritats
  L'aunou de la muse gascouno.

Bedout, Boudet, Lacoste, Lavigne, etc. (1).

Dugay fut, avec d'Astros, le dernier représentant de la renaissance littéraire en Gascogne. Il naquit à Lavardens et étudia la médecine à Toulouse où il fut reçu docteur. Il avait composé un grand nombre de pièces qui restèrent manuscrites et qui vinrent en possession de M. de Noé, évêque de Lescar; elles sont perdues. Dugay Dominique mourut en 1725. Toutes les poésies de ses deux recueils sont en idiome gascon, et plusieurs furent couronnées par l'Académie des Jeux Floraux (2). Mlles de Guitard, de Moisen, d'Epiau et de Cortade, appartenant aux plus hautes familles de la Gascogne, et qui cultivaient également les muses de leur pays, lui adressèrent des louanges délicates sur ses succès poétiques.

Le clergé de la Gascogne et du Languedoc avait reconnu depuis longtemps que les prédications faites en langue française portaient peu de fruits, et que les livres élémentaires d'instruction religieuse écrits en cette langue n'avaient aucun succès. A l'instigation du cardinal de Polignac, archevêque d'Auch, on fit plusieurs livres écrits en patois gascon et

---

(1) Mss. de M. d'Aignan. *Biogr. toulousaine.*
(2) Recueil de toutes les pièces gasconnes et françaises qui ont été récitées à l'Académie des Jeux Floraux, dans l'Hôtel-de-Ville de Toulouse.—Toulouse, *tut. Colomiers.* 1592. in-8°.

languedocien. Le diocèse d'Auch eut un catéchisme dans son dialecte. Ce ne fut pas tout; on fit rédiger dans un volume, et sous la forme agréable de la poésie, les principes de la religion chrétienne, de manière à ce qu'ils fussent compris dans les deux provinces, tout en respectant ces dialectes et les soumettant à une orthographe uniforme. Le révérend père Amilha, chanoine de Pamiers, fut choisi pour mettre en vers les articles de foi, les obligations du chrétien et les devoirs de l'homme envers ses semblables. Cet ouvrage est un véritable cours de morale où l'auteur s'attache principalement à faire comprendre aux habitants des campagnes les notions du juste et de l'injuste (1).

---

(1) On peut s'en convaincre en lisant ce passage, intitulé : *Examen rigourous que Diu fara al jour del jutjement sur las injustices.*

As-tu, receladou de causos deraubados,
Fait que l'ome perdent n'ou l'as a pas troubados?
Quantis cops, en secret, as croumpat del boulur,
O del bailhet suspect, o del bouëmi troumpur?

As poussat al larcin degus de la familho,
La mestresso, l'efan, l'estatjan o la filho;
Laissat poüiri les gras, encarestit le blat,
Besen de caïtibié tout le mound' accablat?

As countrent le pages al tens de la carestio,
Per qualqu' escut prestat, de se bendre la bestio?
De l'aignel o d'el biôou mort naturelomen,
Aurios-ly fait soufri la perto égalomen?

As fraudat le pages en passan la gazailho,
Engatjat le prenur à te paga la tailho?

La poésie d'Amilha ne brille pas d'un grand éclat, mais cependant elle est digne, sage; elle révèle un homme de talent et d'un sens droit et profond. Cet auteur n'oublie rien, il descend dans les plus petits détails, insistant surtout sur les devoirs que la richesse impose aux hommes qui en sont favorisés. S'il reprend l'homme du peuple sur ses défauts, il le fait avec douceur, gardant toute l'énergie de sa colère contre les exactions que la classe privilégiée (1759) lui fait souffrir. Il s'attacha aussi à déraciner les

Aurios-ly fait fourni partido del bestial,
Ob'en partin le frut, repres le capital?

As fait sasi l'arnez o le bioou de l'estable
Del paure bilatges qu'as rendut miserable?
As fait pausa decret su la bign' o l'oustal
De la beuso que mor al founs de l'espital?

Dins la grando rigou de la maubes' annado,
Per qualque pauc de blat o farino prestado?
As fourçat l'innoucent à te fa dounaciu
D'un bé qu'es le surget de ta coundamnaciu.

Del chibal o del bioou aurios cubert le bici?
As mal recounegut les que t'an fait serbici,
Les oubriez o bailets que, dins l'infirmitat,
Accuson d'aban Diu ta grando cruautat?

Percuraire, as trahit l'un é l'autro partido,
Decelat soun secret; as-lo tard abertido;
As-ly dit qu'abio dreit quan sabios qu'abio tord,
E quan boüilho fa pax, as empachat l'accord?

Per ta faute, aboucat, as la causo perdudo,
Qu'aurios pouscut gaigna, se l'abios soustengudo;

superstitions qui étaient répandues dans toutes les campagnes de la Gascogne et du Languedoc. On est aujourd'hui étonné de leur nombre et de la terreur qu'elles inspiraient. Il les énumère presque toutes dans une pièce tellement curieuse, comme document historique, que nous la transcrivons presque entière.

L'EXAMEN DE LAS SUPERSTICIOUS.

As countestat les puns de la fe catouliquo,
Aurios fait de conjurs per gari la couliquo,
Cerbel bas, mal de dens, la luzeto ni l'el,
O per gari le mal que se pren al poupel.

Aurios pourtat per breu la talpo, la cernailho,
La moustel'o grapaut que le sourcie te bailho,

As flaquat per respet; per pau d'applicaciu
Que del mal que ne siec, cal ta restituciu.

Parens, abusats-bous del bc de la campano?
Marchans, usats-bous mal de bostro mejo cano?
Ostes é boulanges, as que dibets serbi
Abets fait le pa court, farlabicat le bi?

Teisseire, caussatié, tailhur o cousturiero,
Abets mes les retals al founs de la carriero?
Carriero! qu'es un loc dedins bostres oustals,
Que ben un magasin à forço de retals.

Bous autres que prenets Ipoucrato per guido,
Qu'abets en bostros mas o la mort o la bido,
Abets, fauto de soin o per cupiditat,
Fait langui le malaut dins soun infirmitat?

Tableu de la bito del parfet chrétien, p. 247 et suiv.

Aurios pourtat al col, sul cor, o joux le bras
Un escrit doun le sens nou se coumprengo pas.

As legit, o gardat de libres de magio,
As foundat toun salut dessus l'astralougio,
D'un libre qu'es suspet, as crezut l'impoustur,
Le ministre impudent, o le boëmi mentur,

As counsultat sourcie, magicien, debinaire
Per la santat del fil, de la sor, o del fraire,
Per sabe le passat, o recoubra toun be,
O couneisse 'l partit que tu dibes abe.

As à trabes de camps tres parrokios seguidos
Per dibersis camis, é tres messos augidos
En anan é benin, o birat tout espres
L'engraniero, le banc, o l'abit al rebes.

As dins l'aigue assajat se le dinye surnado,
Per descrubi 'l lairoun qu'a la fardo panado,
As oustado la croux al chipelet qu'as dit
E dit *Pater* le blanc é le *Pater* petit.

As fait de pa seignat, o d'aigo benasido,
Per gari toun bestial de pest'o de pepido,
Des paures capelas as dechifrat l'aunou,
O countrafait le cant, la mess' o le sermou.

As des francs hygounaus bantat las escrituros,
As seguit lours douctous, prechos o sepulturos,
Aurios legit d'auteurs que senton le fagot,
Les libres de Calbin, o salmes de Marot.

As pourtat sens' aunou de reliquos sacrados,
As-los sense respet neit o jour manejados,
Tu que portos per breu grils, o de lauzers
E dins le linge blanc tararaignes é bers.

Aurios-tu counsultat le courbas o l'agasso,
Es-te foundat sul cant de qualqu' euzel de passo,
Del cementeri sant oun nous rebounden touts,
As cruel moussegat les osses o la croux.

LXVIII

As dit en pregan Diu de parules escuros,
Countrarios al boun sens, é santos escrituros,
Gitat de sal al pouts, marchat de reculous,
Mes les basses en croux, brullat nau candelous.

As-tu seloun l'abis de la bieilho sourciero,
Le brespe de san Jan proufanat la faugero;
As foundat toun malur sus le noumbre de tres,
Sur de feilhos en croux, rasclo mait al cabes.

As fait roud'al sedas, l'alguilheto nouzado,
As pres per un malur la bestio rancountrado,
La talpo, le furet, o qualqu' autr' animal,
Crengut que de l'abord t'en arribesso mal.

De l'aigo de tres founs coumo caus' affettado
Per gari de toun mal as ta bouquo labado,
Dabant l'Auta sacrat per procura la pax
As batut les soülhes des noubels maridats.

As gitat sal al poux, o dins la bras' ardento,
Pesque de tretze qu'ets le noumbre t'espabento !
As-tu boulgut le cel o la gracia croumpa,
Per un o dus ardits d'encountre qu'as fait fa.

Per gari del farsin o de l'enclabaduro,
De la taro des els, abibos, blassaduro,
As-tu, sot, emplegat en un semblable mal
L'Ebangeli sacrat per gari toun chibal.

As del pauvre malaut descuber la teulado,
Per fi que dins le cel prengo leu la boulado;
As tengudo l'estren 'o le gatge à bounur
De la fenne mal saj', o de qualque boulur.

Es-te jamai serbit per escarta l'auratge,
De mots incouneguts, é de cap de lentgage ?
As escourjat les mors dins la toumbo jasens,
Estoufat dins le bres de paures inoucens.

As passat pes anels de la tiou cramailhero,
Les poulets espelits dedins ta galigneto ?

As moussegat tres cops la branquo del figuié,
E passat les efans per le trau del nouguié.

Aurios per te f' ayma pres o dounat beuratge,
As estrenat per mal la croux de qualque gage ?
Aurios-tu fait semblan de parl' ambe les mors
Trattat an les demouns per trauba de tresors.

Aurios fugit en may d'assist' à las fiançaillos,
D'augi canta l'auzel, é fas tas espousailhos
As boulgut descrubi, coumo qualcun l'a dit
Dins l'aigo del ferrat cal serio toun marit.

Le père Amilha fut secondé dans son œuvre d'instruction populaire par M. Cotis, archiprêtre de Mirande. Cet ecclésiastique traduisit avec quelque succès plusieurs psaumes. Voici la paraphrase du *De Profundis*, qu'il adapta à un air fort en vogue dans ce temps-là.

Aujets, moun Diu, del founs de ma bassesso,
Aujets, ma boux que s'élebo enta bous :
A bous, moun Diu, ma pregario s'adresso,
Escoutats-lo, bous qu'ets ta pietadous.

Qui tendra bou d'aban bostro presenço,
S'abets egard à nostr' iniquitat !
Bostro bountat fa touto ma defenço,
E bostro fe rand assegurat.

Ço qu'ello dits rand moun armo seguro,
En bous, moun Diu, soun espoir es foundat.
Neit é maiti é tant que le jour duro
En bous, Seignou, Israël a' sperat.

Bostro pietat dret al bounur nous meno,
Per bostr' amour cresen d'etré salbats ;
Delibrats dounc Israël de la peno
Qu'a meritat per sas iniquitats.

Ajats pietat d'aquelos pauros armos,
Accourdats-lour le repos éternel?
Fasets, moun Diu, que sense mai d'alarmos
Posquon joüi de la clartat del cel.

Nous avons recueilli dans les manuscrits de M. d'Aignan une suite de proverbes et de sentences en langue gasconne. Ils sont écrits pêle-mêle sur quatre feuillets d'une écriture qui remonte au xvie siècle. C'est un curieux résumé de la sagesse de nos pères qui renfermaient dans un distique les axiomes de morale et le précis des observations que leurs aïeux leur avaient légué (1).

En terminant cet examen de la littérature gasconne, nous ne pouvons passer sous silence quelques poëtes contemporains. On doit se rappeler que notre travail s'est limité au département du Gers, et l'on ne sera pas surpris si nous ne parlons pas des poëtes des départements voisins et de Jasmin, le poëte agenais. Nos poëtes sont peu nombreux ; cependant, l'un d'eux, M. Lafargue, curé de Crastes, jouit d'une réputation méritée dans tout le département. Il serait temps qu'il fît connaître au public ses spirituelles et malicieuses satires dont on sait plus d'un trait piquant. Notre désir sera

---

(1) M. d'Aignan rapporte encore dans un de ses manuscrits une pièce fort curieuse et sans nom d'auteur; elle est intitulée le *Tombeu de Beulieu*. Voy. p. 90 de ce recueil.

celui des lecteurs, quand ils auront lu ce beau et touchant poème de la délivrance de Condom, dont les vers suivants montrent que l'auteur a tous les sentiments d'un vrai patriote : on peut s'écrier avec lui au lendemain d'une révolution glorieuse qui chasse les tyrans et qui punit les traîtres :

> Que dé brabés, hélas ! soun cayjuts sou paouat !
> An mourdut la poussièro endé la LIBERTAT !
> Que dé mays an perdut l'objet dé lur tendresso !
> Lur espouer counsoulant, lur bastoun dé bieillesso !
> Que dé beousos en dol ! à dé ta bets laourés
> An bist en un moument succéda lous cyprès !

Olympe Benazet est un pauvre troubadour errant qui joint une certaine malice à quelque facilité poétique ; il a composé plusieurs poésies patoises ; mais toutes sont écrites dans un dialecte qui participe de l'Agenais, du Toulousain et du Gascon. Plusieurs sont satiriques, et l'une d'elles restera comme devant fournir un document à l'étude des mœurs toulousaines.

Nous ne devons pas oublier J. Loubet, qui a déploré dans une pièce, *Lous Malhurs d'Embaqués*, la malheureuse catastrophe qui affligea la ville d'Auch (le 24 août 1836). Depuis, il a publié deux autres poèmes ; dans l'un il célèbre la mémoire de l'intendant d'Etigny, bienfaiteur de la Gascogne ; dans l'autre, il a tâché de faire ressortir les droits du peuple.

Ce poème fut publié en 1840, et cependant, il est encore plein d'actualité (1).

———

Telles ont été les phases poétiques de la littérature gasconne qui se renferme presqu'entièrement dans le département du Gers. Un mot sur la langue actuelle; car nous laissons à d'autres le soin d'en faire l'histoire; cela ne rentre nullement dans notre plan.

Nous ferons observer seulement qu'elle n'a pas subi autant de variations que les autres dialectes romans. Aussi contient-elle un bien plus grand nombre de mots étymologiques, dont les radicaux restent purs le plus souvent, ou ne sont que légèrement transformés. Aussi c'est surtout dans le Gers que le dialecte gascon se parle avec le plus de pureté. Joseph Scaliger, qui était né à Agen, dit, en parlant du langage de Lectoure, qu'il y a compté plus de mille mots grecs. Et l'on sait combien Scaliger était compétent. L'historien Dupleix, qui est né dans ce département, en avait fait de même et les avait rangés par ordre alphabétique. Un célèbre helléniste, Gail, passant à Lectoure vers le commencement de ce siècle, fut si étonné de

(1) Voy. p. 119 de ce recueil.

trouver au centre de la Gascogne une ville où l'on parlait grec, que, de retour à Paris, il écrivit la lettre suivante à un archéologue du pays (1).

« J'ai voyagé dans le département du Gers, ou, plutôt, je n'ai fait qu'y passer; mais la langue des habitants de Lectoure m'a paru si curieuse que je me propose de faire dans cette ville, afin de l'étudier, un second séjour plus long que le premier. J'y ai causé avec des paysans qui parlaient grec. *Pour l'amour du grec* et du français, recueillez le plus que vous pourrez de ces mots; ils figureront utilement dans l'histoire de la langue française, et peut-être aussi dans l'histoire de la nation. »

M. du Mège, dans sa statistique des départements pyrénéens, porte le jugement suivant sur la langue de nos contrées (2) : « Le dialecte du département du Gers est énergique et riche. Il peut exprimer, et exprimer avec finesse, peut-être autant qu'aucune autre langue, toutes les sensations, toutes les idées et leurs nuances... Il perd son abondance et devient sec dans les passions violentes, si l'on veut dire des obscénités, faire des imprécations, prononcer des blasphèmes; mais il reprend son abondance et

---

(1) Mary Lafon, tableau de la langue romano-provençale, p. 48.
(2) T. 2, p. 500 et 501.

redevient riche, s'il s'agit de passions douces, de naïvetés, et surtout de plaisanteries. »

On peut, sans crainte d'erreur, affirmer que la base du dialecte gascon est la langue latine; puis, les langues grecque, celte, gothique et basque, et quelques expressions arabes ont fourni un contingent plus ou moins fort, suivant l'influence des peuples qui ont dominé dans ces contrées. L'influence gothique et basque se fit sentir principalement sur la prononciation. La diphthongue *au* sonne *aou;* ainsi, *caillau* se prononce *caillaou;* l'*e* muet n'existe pas dans le dialecte gascon, et c'est une accentuation tenant de l'*e* ouvert et de l'*o* qui le remplace. Je blâme les poètes qui, de nos jours, terminent invariablement les rimes féminines par *o,* qui ne se prononcent pas tout à fait de cette manière. Cela donne au vers une monotonie fatigante; il faut se démantibuler les mâchoires pour articuler certaines expressions prétendues écrites avec toutes les inflexions de la prononciation qui se nuance à chaque pas et échappe à celui qui veut la fixer. Mieux vaudrait s'en tenir à la manière dont Bedout, Ader et les autres poètes du XVIIe siècle ont écrit leurs poésies. En faisant ainsi, on rendrait plus répandues et plus populaires des œuvres de mérite qui, à cause de cette prétendue différence, ne dépassent pas les limites du pays habité par leur auteur. Comme nous l'avons déjà fait remarquer, on se rapprocherait, tout en conservant la diversité des dialectes, d'une unité qui faciliterait la lecture de tous nos poètes méridionaux.

Deux lettres sont bannies presque exclusivement du dialecte gascon : le *k* et le *v*. La lettre *f* est dans certaines contrées de ce pays plus rapprochées des Pyrénées remplacée par l'*h* aspirée. La lettre *b* remplace toujours le *v*. Aussi Scaliger, frappé de cette transmutation, s'écrie-t-il :

Felices populi, quibus vivere est bibere !

L'élision qui donne tant de rapidité et de douceur à la phrase est employée, même dans le langage usuel.

Maintenant que les progrès de la langue française augmentent dans nos départements où, sauf les principales villes, elle était complètement ignorée, la langue-mère disparaît peu à peu. D'abord, le mépris s'est attaché sur elle; on l'a dédaignée. Aussi, bat-elle en retraite vers les Pyrénées, laissant, il est vrai, des traces profondes. Mais ce qu'elle laisse est altéré; les mots français auxquels on a fait subir une légère transformation de prononciation et d'orthographe y abondent, et comme le disait il y a cent cinquante ans un véritable poète gascon, les dialectes se mêlent, se confondent et ne conservent plus leur pureté.

Que dirait-il aujourd'hui, en voyant l'habitant des campagnes mépriser sa langue et se fâcher si on l'interroge dans son idiome? Il est sûr qu'il vous répondra en français. Hélas! quel français! mieux vaudrait s'en tenir au *patois*, puisque patois il y a, que de blesser les oreilles d'une si cruelle manière. D'ailleurs, celui qui dans son enfance apprend à penser et à connaître les choses dans la langue de ses pères ne pourra, malgré tous ses efforts, faire passer ses idées par le creuset d'une langue nouvelle qu'il ne connaît que superficiellement.

Il faut l'avouer, la langue française tend, de jour en jour, à faire disparaître les débris des dialectes romans. Des poètes s'efforcent de les retenir sur le penchant de leur ruine; ils ne pourront y parvenir, malgré tout leur talent couronné des plus beaux succès. Encore quelques années, et la langue romane ne sera plus qu'un jargon, qu'un patois. Alors, la langue française effacera sans peine ces derniers vestiges d'un autre âge et régnera en souveraine sur toutes nos contrées.

AU BRABE, GRAN,

é de tout accounplit

SIMOUN DE LASSALE,

GASCOUN PER LA BITE,

ETC.

Moussur,

Lou *Parterre Gascoun* bous salude de la part de soun Méste, ou mes léu de la part de soun jardiné, push que jou n'éi james augut la pensade d'u tribailla que per bou'n hé prezent. Bous arrounssarats la poou deguens l'amne de l'embejous, é harats a medish tems creche l'aunou que jou recebi de'u targa de boste nom, si'u deignats espia de boun oüeil. Lou plaze que bous aüéts pres en beze sa prumére flou, l'*Amourous Soulitari*, me hé creze que serats mes countent, quan lou bejats acoumpaignat d'un arramat de flous naüéres, que se soun esplandides à la fabou de boste boune gracie. Jou sabi be qu'ets dau pauc de caüze, mès si jou'ts prezentaüi so que lou sentiment de boste bertut é de moun deüe me fournichen, jou nou'ts dari james arreng push que bous m'ac refuzarets tout. O ! que jou'ts hari beze de béres flous, si gauzaüi prene la pourmenade deguens lou cazau de bostes merites; mès bous éts trop moudèste per m'ac permete, puch que bous medish n'oüy entrats james, é que bous recebéts tant de countentement, en bous desbrenba que sie boste. Jou remercari labets à plaze la mirgailladure de mile coulous é sentiri l'audou de mile perfums, é aprés aüe pescut mous oüeils dessus uê taule de perfectious, jou prengueri la plume per ne tira coupie deguens un partérre tout naüét. Més jou bezi detja que lou respét que jou'ts porti me tire la plume de la man; é, certes, jou seri tabe plan malau de cerbét si pensaüi dignement descriüe bostes calitats qui, per éste trop béres é deguens un noumbre trop gran, nou'm léschen ny lou poude, ny lou moüyén de las banta coum cau. Jou nou boli pas tapoc las recounegue d'aute faissoun qu'en me counsacra tout à bous, qui las poussedats urouzement, dab las assegurances de biüe é mouri,

Moussur,

boste serbidou de co

é d'amne,

G. BEDOUT.

Epigrammes.

A MONSIEUR BEDOUT,
Sur sa solitude.

Grand esprit qui dedans tes vers
Nous fais voir autant de miracles
Que tu monstres à l'univers
De clarté parmy tes oracles,
Ce beau Gascon que je chéris
Comme l'objet de mon estude,
Me ferait mespriser Paris
Pour adorer ta solitude.

J. Dehoey.

Que jou prézi la qui't hé biüe
Debat sas leis ta lounguement,
E soüi rabit de toun turment
Quan bei que't hé ta plan escriüe.

J. Picqué.

Gran amic, tu n'és pas d'aquets
Qui mous prezenten de bouquets
Tribaillats de flous maleüades;
Toun esperit per tout bantat
Es un cazau passemantat
D'autant de flous que de pensades.

D. Abadie.

Ta muse n'es pas coume d'autes
Que panen en toute sazoun
E nou mustren arreng deü soun
Que dus ou tres bérs ples de fautes;

Phœbus, rabit de toun gascoun,
Y beng cerca mile flouretes
E dits que puges l'Hélicoun
Ses aüe besoüy de coumpletes.

S. LABORDE.

AU MEDISCH

En moundi.

Caldriô que ta muse fous mude
Per milhou cacha toun amour,
Car aço n'es pus solitude
Despei que tout le mound'y cour.

J. GUIELHIELMY.

A L'AUNOU

De Moussur Bedout é de sa bile.

Paüre gascou, yeù soun d'abis,
Ta pla moussur Bedout rabis,
Les qui feüilleten soun oubratge,
De te renja d'el coustat gauch,
Si jutges ta bél toun lengadge
Que le qui parlen dedins Auch.

L. CLARET.

Sonnet.

Francs carréus desperit, noble escay de perletes,
Partérre fresc, sourtit d'un cabinet gascou,
Fils esperituels d'un caddét Apollou,
Qui sub'cap de l'ainat poyriô manja soupetes;
Astres intelligens, eloquentes flouretes

Qu'esplandits un thresor de clartat é d'audou,
Cal tens sera ta fiér d'arrauli bostre aunou,
Pey que l'hybér couffat es per bous tout festetes ?
Aco's ta fredou soule, ingrat cor de Ladis,
Que fa présqu'un ifér d'un ta dous paradis.
Dins le premié del mond' Eue fouc mens timide.
Mai, cale te, Bedout, ton mal es courounat.
Si l'auribe Ladis n'a pres le frut de bide,
Tous bérs mostren aumens qu'elle te la dounat.

B. O.

D. DOMINO DE BEDOUT

In primam Horti vasconici partem.

Oculis optatam nemoroso tegmine musam;
At magè læta patet, quò magè mœsta latet.
Umbram hìc quærit amor, sed Phœbus amica refundit
Lumina, fitque die nox tibi, nocte dies.

J. Guilhielmy.

Anagramme.

Bedout, debout, ses cambia nade letre, et be tout en cambia
d en *t*.

Moussur Bedout en soun oubratge
Se teng toutjour haut é debout,
E per be finement que l'embege l'engatge,
Soun esperit be tout.

F. Albert.

Quàm tuus hyblœris variatur floribus hortus;
Hortus ubi florum, gloria, fructus erit.

Th. Lauvergnac.

Acrostiche.

Beau séjour d'Apollon, carreaux incomparables,
Enclos ennemi des soucis,
Dans les divins attraits de vos fleurs admirables
On trouve ses maux adoucis.
Un zéphir éternel y fait l'amour à Flore,
Tandis qu'un doux plaisir y fait pleurer l'aurore.

P. Grenier.

Quand je suis dans votre parterre,
J'y remarque tant de douceurs
Que je m'estimerais le mignon des neuf sœurs,
Si j'en avais un tel au milieu de

Materre.

A L'AUNOU DE MOUSSUR BEDOUT
É DE SOUN PAÏS.

Larcebescat d'Auch, Sancte Marie, la bountat deu coulétge, la subtilitat de l'aire, la beutat de las pourmenades, las peres de Boun Chrestian é las obres de Moussur Bedout soun de cauzes que meriten uê glorie sense fin, é per amou d'aco, jou nou podi pas las embarra deguens la mezure de quauques bérs.

H. Dubois.

LOU
PARTERRE GASCOUN.

PRUMÉ CARRÉU.

A TOUTS
LOUS QUI SE DEIGNARAN POURMENA DEGUENS MOUN PARTÉRRE.

Abertissement.

Amics,

Si lous qui hén estat de mas obres, é qui'm turmenten jour é neit de las bouta deguens la présse per las hé paresche dessus lou mes haut teatre de Gascoüigne, me daüen un pauc mes de leze per ac hé, coume noste païs merite, jou diri quauques paraules en fabou deü lengatge Gascoun, que la doussou, la majestat é la graciê se plazen d'accoumpaigna, taléu qu'un boun é franc Gascoun aubris la gorge per desplega sas pensades. Jou hari beze qu'aco's un lengatge digne de banta las actious generouses deus meillous souldats de la térre, auta plan coume d'estouffa deguens lou mespréts la banitat d'aquets qui n'an james héit arreng que baille. Jou parlari d'et coume d'un lengatge que lou Frances recouneisch per soun caddét ou loctenent, é que lou Diu de la guérre parlare per arrounssa la poou deguens l'amne deüs Gigans, si tournaüen prene las armes countre lou céu. Jou coumpouzari push après un dictiounari de noms é de bérbes lous mes triats, de phrazes las mes cauzides, de faissous de parla, reproüés é prouberbis lous mes drolles qui se troben en bogue deguens la Gascoüigne. Jou dezabuzari tabe l'esperit de quauques fats qui mous eschorden de paraules, é qui pensen aüe troubat la haüe deguens la coque, mès qu'agen assegurat que lou boun Gascoun ei nescut dab ets, coume si noste lengatge se rezerbaüe la gorge d'aquets badis per esplica sous ouracles.

Si jou bouleüi segui ma boutade, jou poüiri lous embrouma de razous toutes toucantes, per lous empacha de trouba luts deguens las naüéres propositious qu'eris an aprezes dab quauque regent de bilatge, é proubari que noste bile d'Auch ei auta plan, per parla coumo per hé, la mai, la princesse, la douts é la prumére bile de Gascoüigne; jou descroubiri push aprés, en darré loc, lous machans passatges qui se troben deguens noste Parnasse, é per countenta la curiouzitat deüs qui se plazen aus bérs Gascous, jou boutari per orde las régles qui diüen tengue per lous hé coula coume cau, é soulatjiari la pene qui prenen aprés las rimes, en lous assegura que lous bérs Gascous ni lous Moundis n'oun poden pas trouba ta prountement, ni de ta bounes coume lous Frances. Noste lengatge n'a pas un ta grand magasin de paraules per las poude cauzi coum lou plats. Aco's bertat que s'en trobe soubent un arramat d'uë medische rime; mès eres soun escartades d'uë tau faissoun l'uë de l'aute, qu'om nou las pot accoupla deguens dus bérs, ses lous estroupia. Jou soüi estat en pene de hé més de quouâte péces en Frances, per trouba sense rime lous mots qui serbiüen de subjét à mous bérs Gascous, coume per exemple : *gabiê*, qui deguens noste lengue nou se pot accoumpaigna que de *pabiê* ; *fabou*, de *sabou*, etc. Au countrari, deguens lou Frances : *cage, bocage, sacage, marescage, pascage; faveur, ferveur, sauveur, resveur, saveur*, etc. Las rimes an quauque cop de leis trop injustes per éste seguides d'un esprit generous, é noste Apolloun hé nésche de trop béres pensades per las estouffa deguens la poou d'un ta rigourous esclaüatge. Asso sie dit per empacha que quauque respét trop scrupulous nou torre lou Pegase Gascoun. Asseguràtsbous que la doussou, la majestat é la graciê de noste lengatge rabis d'uê tau faissoun lous qui l'entenen, qu'ets nou s'aperceben pas de la rime. Si quauqu'un dits que moun Gascoun n'es pas lou mes franc, lou mes generous é lou mes sance qu'om pousque parla deguens la Gascoüigne, joü'u pregaré d'em hé beze que noste bile d'Auch, nou paresch pas sur un loc haut aus qui benguen de Toulouse, é jou l'aniré pesca deguens lou Gers. Jou sabi be qu'em soüi serbit d'aquestes mots ou semblables : *me poude hé*, au loc de dize *poud'em hé; jou bous*, au loc de dize *jou'ts*, etc. Més jou éi emplegat lous us, pér so que soun bous Gascous, é per hugi l'équiuoque; é lous autes, per so que soun tabe Gascous, é, quan no'un serén pas, per so que lous bérs m'ac permeteren.

Aprés tout aco, qui se menlara de reprene quauque cauze deguen mas obres, que se soubengue qu'aco n'es pas oüei soulemens que lous ignourens é lous malicious coumencen de se troumpa, quan prenen la libertat d'éste jutges; é que hasse so que jou héi en ta pauc de tems, dab ta pauc de pene é sense pana, é labéts jou tournaréi à ma nourisse. L'embejous remarcara deléu deguens moun Partérre duês ou tres pensades que d'autes an augut, ou an pouscut aüe; més jou l'asseguri qu'eres s'emprezenten daüant en despeit que'n agei, ses que las ane cerca. É per que nou las poüiri pas jou trouba tabe coume lous qui soun nescuts prumé que jou, push que Diu m'a dat las tres facultats de l'amne? D'aute coustat, jou podi dize, ses peü de banitat, que jou nou'm coumporti pas coume lous qui coupen las aureilles aus passatges deüs autes, é qui hén d'un banc uê scabéle en te qu'om nou counegue pas so qui panen. Au countrari, jou héi duês ou tres puntes d'uê soule qu'om aura heit d'autes cops, ses que jou'n sapie arreng, é push, jou las desplegui d'aute faissoun é en d'autes térmes. En un mot, si per éste Gascoun et cau éste lairoun, bous aurats sutjét de'm prene per Angles; tabe moun Gascoun es imprimat dab letres mercades é puntades dab ZZ, au loc de SS, etc., ente que Langleterre é tous autes païs lou pousquen legi.

RESPOUNCE

Aus bérs de mous amics.

Si boulèts hé'm un ben, amics, aco siê prou
Desplega bostes bérs per banta moun oubratge.
Qui dira qu'aco's trop? Jou bau plega bagatge,
  Si hé meillou que jou.

Més en despeit de tout, jou boi que moun pincéu
Bante ta haut moun nom au temple de memorie
Qu'om nou creira james, per desquilla ma gloriê,
  Me poude hé rampéu.

Soulitude Amourouse

ou

L'AMOUROUS SOULITARI

A SA MASTRESSE LADIS.

Aco's héit dounc per jou, Ladis !
Push que toun co, moun paradis,
Per tant de penes endurades
Nou se trobe pas en estat
D'aubri las portes adourades
D'eou tribunau de la piàtat.

L'infer tabe, d'aute coustat,
De mas doulous espaüentat,
Dits que nat martir om nou damne,
Si lou céu ni l'infér tapoc
Nou bo pas recebe moun amne,
Quin Diu me dara quauque loc ?

Per la térre iou sabi prou
Que nou hé pas counde de jou.
Lou malur se plats à m'abate,
Pendent que lous quoüat' elemens
Prenen passetems à s'esbate
A qui'm dara mes de turmens.

Lous bents, messatgés malurous,
Counden aus autes amourous
Lou sutjét per qui jou souspiri,
Et si i'arreng deguens lou moun
Qu'age piàtat de moun martiri,
Aco'y Thyrsis é Dorimoun.

Ets me proumeten que mous maus
Auran, un jour, quauque repaus;
Més, élas! degus nou'm ajude,
Tout es sourd, degus nou'm augis;
La medecine hé la mude
Quan éi besoüy de soun abis.

En un bosc, hore deu païs,
Oun moun propi sen me traïs,
Jou gourrichi coum' un saubatge,
E per tout oun jou jéti l'oüeil,
Nou bei que crums suoü men bisatge,
En l'absence de moun soureil.

Aquiu, loüi de la luts deu jour,
Oun mile mounstres hén lou tour,
Arreng nou trobi que'm soulatge,
Arreng nou'm parle de goüâri......
Tout me dits en soun mut lengatge
Que soüi prou malau per mouri.

Sur un arroc téste hérit,
Un cassou presque tout poüirit
Sen ba touca de nas à tèrre.
Lou mautemps l'a desaunourat,
E la bermine hé la guérre
Au houns de soun bente curat.

A cent pas, un castét deshéit,
Oun lous lairous hèüen lou guéit,
N'a que tres boussis de murraille;
Un chac tout ac ba maneja,
Lou houns de despeit se henaille,
Quan be so de haut s'aüeja.

Jou y bei prou mau, en un courné,
So que m'an coundat de Daphné;
E lous bérs qui m'ac hén coumprene
M'y muschen tabenc à leze,
La bite d'un que s'anéc pene
De regrét é de desplaze.

Clytére l'aueüe charmat,
Et l'aimaüe ses ést' aimat;
Mès lou mespréts de la murtrére
Lou hec beze que soun cerbét
Aueüe la lüe naüere
D'eu couha d'un soureil ta bét.

Soun ben, sa graciê, soun parla,
Tribaillaüen à he coula
D'aquet co mes fret que gelade,
Uê douts per affresqui sous blaus,
Quan sa pene trop mau pagade
Deguens la mort troubéc repaus.

Venus anéc en lermeja
Autour deu clot hé gouteja
Lou baume de sas amouretes,
E d'uê bite plée d'ardou,
L'amour boutec en sas tabletes
Las bertuts de soun serbidou.

Apolloun tabe lou plouréc
Et tout un loung tems demouréc
Beouzé de beutat é de graciê,
E Pan crezeüe d'aüe tort,
Si nou legiüen sur sa faciê
Que soun gran amic ero mort.

Las Naiades lou regretén;
Las Nereides proutestén,
Après uê doulou ses exemple,
D'ana graüa per raretat
Dessus lou clot, au mei d'un temple,
Sa bit' à la pousteritat.

Lous arrius de do marmurèn,
Lous arrocs s'en arrencuren,
Lous arbes s'esquissén la raube,
Lou jour houc desplazent à l'oüeil,
E touts jutgén, à beze l'aube,
Ou mort, ou malau lou soureil.

Tout lou païs s'en ressentic;
Clytère medische patic
La géine deguens sa pensade,
Et soun co, de doulou traucat,
Hec un criét à sa boutade
Per ne pourga soun bieil pecat.

Aprés que'm soüi mes aüansat,
Per beze so qui c'ey passat
Pendent la bite de Clytère,
Jou bei debat un frinestoun,
Sur un buffet cargat de quére,
Un bieil imatge de Plutoun.

Autour d'et, Minos é lous sous,
Me muchen en quantes faissous
L'amne debat sa man endure;
Soun can me hé de poou tranci,
E, tout gorge aubért, m'assegure
Que nou soüi pas boun per aci.

A la mine d'aquets traidous,
Lous soupirs, tremblans é fredous,
Coumpozen toute ma muzicque.
La mort m'y beng estrangoula,
Si moun anjou nou'm coumunicque
Quauque secrét enta boula.

En sourti d'aquet triste loc,
Jou bei Vulcan, lou came-croc
Suoü cap d'un banc héit à l'antique;
Et ei detja tout esbrassat;
E Mars, enquoüé qu'age la pique,
S'y trobe deu mau temps blassat.

Diàne pareschs à coustat,
Dab ué mes entière beutat,
En un baign qu'Actæoun abize.
Lou praube, be i'a pauc gaignat,
Push que'u hé muda de camize
Per tres goutes que l'an baignat.

Mes enla, lou Diu deus pastous,
Lésch'à la bandoun sous moutous
Per segui la qui'u dezespére.
Aprés aüe prou countestat,
Se trobe sur uê canaüére,
Quan se pense meillou mountat.

Aquets tabléus de moun turment,
Reprezenten naibement
Que ma fourtune rembersade
N'aura pas qui la repara,
Si tu nou tengues arbiüade
La boulentat de m'empara.

Aco's bertat que lous grillous
M'y balen autant de biulous;
L'abeille, segount sa coustume,
M'entreteng de perpaus dibérs;
Lou baüous limac, dab sa 'scume,
Beng toustem argenta mous bérs.

La cigale per acet prat
S'arrigole d'érb' à soun grat;
La hourmic, meillou mainatgére,
Quan a heit, l'estiu, soun proufeit,
Lou dits, l'iüer, saute leugére,
Push qu'as are lou bente boüeit.

Jou bei, sur acets arberets,
Tout un regiment d'auzerets
Que bouten fin à lour queréle;
Lou Rouchinol é lou Parrat
Y fadegen dab lour féméle
E coillen lou frut dezirat.

Lou Berdoun dab soun zéc, zéc, zéc,
Hé tout so que bo de soun béc;
Lou Cublanc é lou Pelehigue
S'y pelegen dab lou Trachet,
E lou Senil lous hé la higue
De hé de mes béts moutets qu'et.

Lou Mèrle, la Trid'é lou Tour
Gazoüillen aquiu tout lou jour;
Lou Quoüe-roüy é l'Auranglete,
La Capulade, tiu, tiu, tiu,
Lou Rey-couchet é la Lauzete
M'y benguen toujour diz'adiu.

La Tourtere, bourrou, bourrou,
L'Auriô dab soun birou, birou,
Lou Zoüéc é l'Astagarasse,
Lou Picglai é lou Becudét
M'y benguen soubent dab l'Agasse
Hé part de quaucoum de naüét.

Lou Pédou beng d'aciu debat,
La Mourache dab l'Alabat,
L'Estournéc, lou Gay é la Chourre
Arriben touts à béts boulops;
La Calandre tabe s'y fourre
Ente paresch' aus meillous cops.

Ere hé soun cant per B-mol,
Quan escarnich lou Rouchinol;
Més quan bo contrehé la Parre,
Lou Rey-couchet ou lou Berdoun
Que dits sous aires per B-carre,
E desplegu'un aute jergoun.

Lou Pinsan s'esperreque tout,
Quan be que nou pot bengu'à bout
De hé meillou que la Meillengue,
E lou Miraillo qu'es auprés;
Tu dires qu'a debat sa lengue
Enclaüerats mile courés.

Aquiu lous autans lous mes horts,
De poou de troubla sous acorts,
Bouten fin à lour bioulence,
E l'écho qui n'a james paus,
Coumand' au bosc de hé silence
Per augi de ta béts perpaus.

La Cotturche qui parle pauc
S'estuge deguens quauque trauc
Per aüe part en la muzique;
Lou Coutouliu y beng aprés,
Et sur touts lous autes se picque
Quan se trobe dab lous darrés.

La Cardine, tire, liric,
Dispute dab lou Benarric,
Entant que sur acer' arroque,
Que t'es semblabl' en calitat,
Tout so que moun praube cos toque
M'abertis de ta cruautat.

Lou Carbounéu é lou Tarin
Roden aquiu tout lou matin;
Lou Cache-Mousques ei de coste,
La Campiche beng dab lou Ciu,
E las Tites prenen la poste
Per beze lou praube roumiu.

Mès quan jou bei lous Berdaulats,
De plumes naües abillats,
Entouna l'amourous aufici,
Labets, sur moun lut tant bantat,
Jou souni so que moun serbici
Meritaüe de ta beutat.

Après que'm soüi entretengut
Dab lous auzéts é dab lou lut,
Près d'un arriu jou'm arretiri;
Mès, ma LADIS, lou men co fail,
Quan, per me mucha moun martiri,
L'aigue m'y serbis de mirail.

A jou'm semble deguens l'arriu
Beze lou cassadou gentiu,
Que mire sa beutat murtrére,
E charmat de sous faus apas,
Après que s'es perdut oun ére,
Que se cérque de l'an n'e pas.

A ! jou'm brembe de ta beutat,
Quan embesquéc ma libertat,
E quan ta mine mensoungére
Coume l'arriu d'aqueste loc,
Me hec pérde l'amour oun ére
Per lou cerca sur un arroc.

La neit, quan m'y trobi soulet,
L'enemic deu jour, lou houlet,
M'y beng hé cent rodamountades;
E quan lou jour sort d'arriba,
L'ardou de mas penes passades
Que s'arbiüe per m'acaba.

Boun diu ! tan d'oubjéts ta dibérs
Que jou canti deguens mous bérs :
Céu, infér, elemens, campaignes,
Prats tapissats d'erb' é de flous,
Arbes, arrius, castéts, montaignes,
Auzéts, cigales é grillous.

Tout, enfin, hé creche moun mau,
Quan tu nou'm bos da so qui'm cau,
Tu per qui tanta jou souspiri,
Aprés aüe loung temps begut
Lou bin déchent d'un tau martiri,
Que'm aües so qui'm es degut.

Jou speraüi per ma doulou
Aprés la 'spine quauque flou;
Més, élas ! ma bére traidoure,
L'arrelotge de tas fabous
Demore trop à touca l'oure
Qui deu courouna mas amous.

LOU PARTERRE GASCOUN.

SEGOUND CARRÉU.

Abertissement.

Amics,

Bous aoüéts remarcat, à l'entrade de moun partérre, la beutat é l'audou de l'*Amourous soulitari;* aco's uê flou que lous meillous nas an sentit dab plaze, é lous meillous oüeils espiat dab admiratioun, si mesléu jou nou deüi dize qu'aco soun mile flouretes que néchen l'uê coste l'aute per garni lou prumé carréu. Aco soun tabe, d'aute coustat, lous prumés boutous que ma joüenesse hec esplandi trop urouzement deguens Toulouse, à l'atge de dézenau ans, é de qui la nechence se troubéc accoumpaignade de trop de glorie é d'aunou, per n'aüe pas are dret d'espera boste boune gracie.

Lou segound carréu n'a pas, sense doubte, mens de subjét de s'assegura de boste courtouzie é de se proumete boste fabou. Jou crezi que bous auts nou refuzarats pas à sa dibersitat so que d'autes l'an acourdat toutjour. Taléu que l'ajats espiat de boun oüeil, l'*Adiu deu boun tems* sera uê sazoun daurade per jou, l'*Amourous mau pagat* perdera soun nom, é las espines qui l'an traucat seran autan de flous per ma glorie. Quauque naüét bengut deguens la 'scole de las Muses demandara perque jou repéti ta soubent deguens aquesté carréu aquestes mots : *rigou, mespréts, pretentious, cruautat, serbicis, persutes*, etc. Jou respouni que lous meillous esperits me cassaren de la coumpagnie d'Apolloun, si jou' m coumpourtaüi d'aute faissoun, é que jou hari lou mes gran pecat qui se pousque coumete countre moun sutjét, push que ma mascarade n'es qu'uê continuelle applicatioun de touts lous estats qui soun aci deguens à l'estat de l'amou.

L'ADIU DEU BOUNTEMS

E

l'Amourous mau pagat.

MASCARADE.

Be serats plan en pene de sabe qui jou soüi é coum m'apéri, si de quoüâte liûres d'esperit é de jutgement que Promethée boutéc deguens lou moun, quan creéc l'ome, boste cap nou' n'a, per lou mens, las tres é mege. Deléu, quauqu'n d'entre bous aus pensara que jou soüi un naüét Saturne, per so que héi néche, per tout oun bau, un siégle d'or mes plazent que lou prumé. Mès nou. Aquet n'a pas troubat per are la haüe deguens la coque. Quauqu' aute dira que jou soüi lou méste deus bens, qu'an entene rouna moun bente dab mes de bioulence que sas mountaignes; mès aquet s'y manque tabe coume l'aute. Aqueste creira que jou soüi Cupidoun l'ainat, ou Narcisse lou barbut, o, diables, o. L'aute, quan bege moun bét bizatge, sera de la medische opinioun, ou, per lou mens, assegurara que si nou soüi pas Cupidoun ou Narcisse, que cau necessariement que siei Adonis lou bouharot, ou Acis l'encrumat. Minge ciüaze, coumpai, n'as pas debinat. Jou nou soüi ni Saturne, ni lou méste deus bens, ni Cupidoun; jou nou soüi ni Narcisse, ni Adonis, ni Acis. Qui soüi-jou dounc? Aco's à jou à dize é à bous auts à sabé. Cap de la briole! be'ts cau prene lous besicgles d'uê filouzouphie més releüade que la d'Aristote per aüe ma counechence. Couchats la came de boste curiouzitat dab la causse deu respét, si bouléts que'ts doungue la garroutiére d'aquet mystéri. Jou soüi lou benerable Matgras, lou casse-mau-temps é lou destrousse-hame; jou soüi lou diu de réjoüissence, pai de la boune chére é de Cupidoun, diu d'amou. Nou'ts estounets pas si bau bestit d'aqueste faissoun; aco n'es pas sense quauque sutjet. Lous autes Dius, embejous deu respét que touts lous bous coumpaignous me porten, s'entenen countre jou, é crezen qu'un ta gran noumbre d'enemics me hasse poou? niargue per ets. Jou boi que touts lous qui se daran l'aunou de m'espia recouneguen à la bouhe de porc que jou porti dessus lou cap, que la dibinitat de touts lous autes Dius à masse, n'es que bent auprés de la mie; l'abillement de plume qui croubis ma prestance, mustre prou que jou 'm truffi d'ets, é que la force qu'eris an, n'es que plume auprés de moun poude, é qu'eris soun incounstens, pauc assegurats é febles coume la plume. Lou passement d'irange qui parech per dessus tout, sur moun gipoun, hé beze que coume l'irange n'es pas semblabl' en nature à l'or, enquoüé que sie semblabl' en coulou, à tau medish qu'eris s'echorcen d'imita lous petits accidents de ma dibinitat, ses y poude arriba de mile légues, é de cent mile milious quoüate bints sarraüante miliaces à la perfectioun de ma nature. Lous cos d'auque, qui serbichen de boutous à moun abillement, dan à counegue qu'eris an lou couratge d'aquet auzét; l'ast é la cane de saucisse que jou porti au loc d'uê spaze é d'un braudié, mustren que toutes las armes qu'eris empleguen à sa deffence soun roüillades coume l'ast, é que jou soüi capable d'em deshé d'ets, coume d'un tros de saucisse. Lous goüants de pét de Cerbi é las botes de pét de Lebraut, hén beze qu'eris nou troben aute moüyen per escapa ma balentize que de hugi coum' aqueres duês béstiês, per se sauba de la man deu cassadou. Cupidoun soulemens, aquet petit escay de ma braguete, lous hé caga de poou en las causses. L'aute jour, per boutade, lou coumpainoun anéc da dus ou tres cop de matras à Jupiter, au bét mei deu boillou de l'entendement, é lou hec courre après uê nimphe, coum' un desesperat.

Mès, à perpaus de Cupidoun, quauqu'un me sort de dize que moun hil Bountemps é et, s'en soun anats touts dus ajuda ma neboude Goliante, que lou rey de las aréstes, Quoüâreme, tenc assietjade deguens la couzine de moun coumpai Gorgelis, seignou de Potiflése, é es questioun d'ana marida mas forces dab las de mous hils, é de he ta plan que las boles de burre qu'aquet prince magre jete countre mous souldats, se hounen à la calou de moun couratge. Jou prégui boste courtouzie, mentre que jou m'en bau, d'acoumpaigna de sas pregaries mas entreprezes, dab proumesse qu'après un mes é mei de guérre, que soun crante é quauques jours de male chére, la bictorie sera noste, é que l'enemic sera boutat en péces per éste soupelit deguens dus ou tres plats d'oüeus, de car salade é de cambailloun. Après aco, mous hils Bountens é l'Amour bous tournaran tengue coumpagnie.

LOU GENTILOME
à Liriande.

Jou soüi gentilome, Liriande, mous parens soun de grans seignous, é l'hystorie parle per tout de mous aüjos; mès tout aco n'es que pauc de cauze, push que tu nou bos da, la perfectioun à ma noublesse. Jou seri mes urous que lous princes ni lous reys; la grandou medische deus Dius nou sere que bent auprés de la mie, si jou poudeüi gaigna tas bounes graciês é merita lou nom de toun serbidou.

LOU MESTE DE CHO
à Amélie.

Aco n'es pas dab razoun, bére Amélie, que jou héi glorie d'este méste de cho, push que tu maneges lou men coum te plats, é que jou n'éi nat poude suou toun. Et a detja loung tems que jou hé lou (*tacét*), é que ta rigou me hé counda las pauzes de ta boune gracie. Si jou canti quauque moutet, depush l'oure malurouze que tu cambiés d'amou, aco n'es que muzique de morts, é, cérte, tu hés que jou seréi léu d'aquet noumbre, push que tu refuzes d'éste ma mastresse, après que lou céu m'a boutat au mounde per te serbi. Las pretentious que jou éi toutjour augut sur tas fabous, depush que ta beutat m'estaquéc à toun serbici, soun lous courés de ma mastrize, que se soun marfandits au cereng deu mesprêts que tu hés de ma fé. Ni per aco, bére Amélie, l'amistat é lou respét que jout counserbaréi toute ma bite nou résten pas de mantengue l'aunou de ma muzique é de canta sense mudance, mentre que tu tengues ta partide dab mile fas, fens é semi-toums. Las maximes qui se pratiquen entre nous auts, depush que councertam amasse, soun tas cruautats : las loungues, soun mas penes;

las brébes, tas caresses; las blanques, ma boune boulentat; las negres é las crouchues, tas troumparies é finesses; las fuzes, moun plaze que passe mes léu enquoüére que nou pas eres : é aprés touts aquets moutets que jou canti dab tu, depush cinq ou sies ans, jou pérdi lou tems é abarregi dab mas notes mile souspirs é mile diézis, ses poude james hé passa B-mol deguens nature, per so que tu tengues las claus de ma libertat deguens l'orde de B-carre.

L'ESCOULIÉ
à Doriphile.

Jou soüi escoulié deguens l'Unibérsitat d'amou, Doriphile; jou pérdi ma pene é m'arroumpi praubement lou cap à descoubri quauque secrét de sous mystéris. Si tu nou bos éste ma mastresse, jou seréi toutjour ignourent é cap d'azou; mès au taléu que tu m'auras recebut débat ta man, jou seréi un escharruscle de sabe é un gouffre de perfectious. En laus autes sciences, om hé glorie de passa douctou daüant touts é ses ajude; mès en aqueste, lou mes haut escaloun d'aunou, ei de passa douctou en crambe é dab fabou. Jou n'éi james troubat empachement deguens las autes; mès per aqueste, jou n'éi pas sutjét despera gran cauze de tu, soun que la cruautat é la gracie se pousquen trouba deguens la medische amne toute dues amasse.

LOU POUETE BOUCHAROT
à Dimante.

Lizés aquestes bérs, é toy berras, Dimante,
Las pointes que l'Amour a dans mon cap bouté,
Quand les aurés légits, boüiés, cruelle amante,
Si tout ce que je dis est rien que bérité.

L'infér n'és pas lou céu, l'aire n'és pas la térre,
L'aigue n'es pas lou hoüéc, l'hiüer n'es pas l'estiu,
La neit n'es pas lou jour, la pacs n'es pas la guérre,
Toumas n'es pas Bertran, ni Guillaumes Matiu.

L'or n'es pas mérdehér, la mort n'es pas la bite,
La tour n'es pas un pouts, l'arc n'es pas un fuzil,
L'auzét n'es pas un pesch, l'ast n'es pas uê marmite,
Lou poüil n'es pas un loup, ni la piqu'un douzil.

Lou cap n'es pas lou cu, la coüêche n'es pas l'ale,
Lou gat n'es pas lou porc, aneit n'es pas douman,
La mèit n'es pas un lut, lou hour n'es pas uê pale,
Lou pan n'es pas lou bin, lou pé n'es pas la man.

Ainsin atau medisch, mespréts n'es point carésse,
Se truffer d'un amic n'es point fidélitat;
Importuner Damoun qu'et boüille per mastresse,
N'es point tracter Lidor coum'il a méritat.

LOU JOUGÁDOU DEU PICQUET

à Cleorinde.

Jou sabi lou joc deu picquet auta plan coume nat que bengue, més per aco jou nou m'en éi james pourtat arreng deu toun, Cleorinde. Tu jogues trop urouzement per m'en lecha tourna ma bousse bente-lize, é la calou deu malur y beng dab uê ta gran bioulence que tout moun argent se houn per coula deguens la tüe. Prumé de t'escarta, tu tengues, per aüance, quinte majou de cruautat, é dus reys acoumpaignats, lou rey de mespréts é lou de finesse! Aco's héit, jou soüi perdut. Quin moüyén de gaigna dab tiérce basse de recoumpense? Jou soüi repic é capot, push que jou n'ei troubat que quoüâte siès de truffes, que soun catorze de refus. A, praube! Qu'es asso, Cleorinde? Lou céu deu gaign es encrumat, lou soureil de la boune fourtune s'esclipse. Nou jouguem pas més, au nom de Diu! Si lou tems aqueste dure goüaire, jou creigni que hara tantos escu d'uê tau faissoun, deguens lou croffe de moun argent, que jou nou'y poüiré pas beze mei testoun per aüe ma rebenge.

LOU MARCHAND
à Dorimène.

Jou n'éi james pouscut hé lou mendre gaign dab tu, Dorimène, depush que trafficam touts dus à masse. Tu bos croumpa la 'stoffe de mous serbicis dab l'argent faus de tas troumparies é de tous mespréts, é crezes que lou mespetit escai de tas fabous, bau dus ou tres magazis de fidelitat. Aco 's injuste, Dorimène. La mege-cane de ta rigou m'a toutjour mescoundat en mezura lou satin de mas pretentious; é las balances de toun refus n'an james troubat de pes, l'or ni l'argent de mas pregaries. Si tu hés atau la carestiouze en bene ta marchandize, é l'abariciouze en croumpa la mie, jou preni counget, d'aqueste pas, per desplega mas bales en quauque loc més aüantatjous, é per aquet moüyén mantengue lou crédit que mou sabe-biüe me hé trouba pertout, ses poou de banque-route.

LOU COURDOUNIÉ
à Daltimoine.

En aquet urous tems que las dames se countentaüen de ma besoüigne, jou las serbiüi de coüé deu leüant à dézeoüeit punts, ses m'ajuda deu tirepé, perso que l'Amour tengueüe mas pêces asseigurades; més depush que la banitat a héit néche tant de modes, d'Altimoine, jou pérdi mas bieilles pratiques, é per aüe boulut tribailla de meillou co per tu que per las autes, jou soüi hore de bogue. La lezene de toun mespréts trauque lou coüé de mous serbicis, é ta cruautat nou léche deguens la boutigue de mas persutes, que l'os sense mezot de mas prétentious, las pincetes é lous claus de mas penes, lou tranchet de ma tristesse, pendent que mau à perpaus lou cap-ligno de ta beutat estaque deguens moun amne la boulentat de biüe é mouri toun serbidou.

LOU HAURE
à Melontilde.

Jou nou 'm soubengui mes deu méstié de haure, Melontilde, despuch que jou coli la héste de tas perfectious, l'Amour é tu, tribaillats enquoüére que jou repauze ; é aquet petit haurillot qui t'a dat poude d'aubri sense clau ni sarraille lou cabinet de ma libertat, sé plats à bouta las broques de mous desplazes deguens lou hournet de ta couléra, mentre que tu hés la punte aus claus de ta cruautat sur l'encluzi de ma pacience, é jetes uê braze més biüc deguens moun co, que toute la qui Vulcan a james bist deguens sa boutigue. Aco's héit, Melontilde, jou soüi perdut; tu beiras léu toun amourous en cene, si lou céu nou 'm da la medische fredou qui se trombe deguens toun estoumac, per resista à la bioulence d'uê calou ta grane. Mès nou, jou boi que moun hoüec ajude lou qui sort de tous oüeils a hé paresche que jou soüi un Phœnix d'amou, é que jou renéchi de ma cene, en despeit de la néu que la rigou boute deguens toun co.

LOU GAGNE-PETIT
à Filoreste.

Jou soüi lou més malurous de touts lous gaignepetits, Filoreste, push que tu pagues mous journaus, de mespréts é de troumparies; jou preni pene depush dus ans en tourneja la mole de mous serbicis per hé lou tail au coutét de ta boune gracie, més per aco, jou nou resti pas deu trouba tout plen de brequéres é sense punte qu'an boi coupa la corde de ta cruautat; jou tourni bira, praube fat que jou soüi, d'ab lou pé de mas persutes, la mole tant de cops manejade, é mous oüeils, qui jeten més d'aigue que dus pichés, me fournichen uê perbezioun de plous que ma tristesse hé néche à bére-hiorle per la moüilla; més tout aco n'es que tems perdut, aco's emblanqui rebats dab ancre, é tribailla mau a perpaus coume las Danaïdes.

AMELIE E CLORISSE

RESPOUNEN PER LAS AUTES.

Amelie.

Me hé l'amou ses ést'aimat,
Se cauha per éste cramat,
Me recounegue per mastresse,
Me serbi ses éste pagat,
Recebe méspréts per caresse,
E demoura dous coum' un gat.

Au loc de méu prene pouzoun,
Demoura toutjour en prezoun,
Emplega mau sous artificis,
Hé creche toustem soun turment,
Se jeta deguens lous supplicis
Per y trouba soulatgement:

Es aco per goüâri soun mau
Cerca lous remedis qui cau?
Beze la roze sur la 'spine,

Bouta'y lous dits per la touca,
Aco n'es pas la medecine
Per s'empacha de se pica.

Si nou héi pas estat de bous,
Si bous refuzi mas fabous,
Si nou bezéts pas Amelie,
Que bous empache de mouri,
Acuzats-ne boste houlie
Qu'es un mau qu'om nou pot goüâri.

Clorisse.

Si nou troubats pas a pé deguens la ribére de bostes prétentious, acuzats-ne boste fadesse, push qu'ere bous hé jeta deguens l'aigue ses aüe james apres de nada; si nou troubats pas repaus deguens la braze de l'amou, acuzats-ne boste pauc de jutjement, qui boute la dispositioun deguens boste co per lou hé serbi de pasture à la rigou d'un hoüec que jou n'éi james augut intentioun d'aluga. Boste boulentat é la mie soun countraries coume lou hoüec et l'aigue; tabe quan m'aüets prezentat bostes serbicis, jou nou 'n éi pas héit estat, é bous éi auta léu descoubért ma pensade per bous dezabuza é dezarriga de boste cap lou sutjét que bous crezeüets aüe de mérita quaque jour mas fabous, ente que nou digoussets pas que jou 'ts entretengueüi deguens l'umou de las espera. Touts lous cops qu' ets éi bist bengue, la piâtat é lou despeit m'an tirade d'auprés de bous, ou, per lou mens, m'an héit barra lous oüeils per bous empacha de dize que mas oüeillades bous blassaüen. Bous n'aüets pas dounc razoun de m'arroumpe las aureilles en me counda bostes doulous; aco 's uê houlie de s'apressa de jou per me demanda remédi, é de creze que jou 'ts pousque goüari; push que lous counseils que jou 'ts dau, per hé tourna boste santat, bous desplazen més que lou mau.

LOU
PARTERRE GASCOUN.

TROUZIEME CARRÉU.

Abertissement.

AMICS,

A Diu nou placiê que la muse qui m'a suggerat aquestes obres, m'age héit prene la plume per ouffensa l'aunou de quauqu'un. Jou nou soüi pas ta mau apres que de soüilla lou papé d'injuriês. Assegurats-bous que jou tiri las bires de mas pensades en l'aire per nou touca pas degun; que si quauque mizerable se trobe debat eres quan debaren, aco'i sa part, é Paris deu rey. Jou boi dize que las puntes de mas Epigrames, ni las autes qui soun deguens aqueste carréu, nou soun james partides de moun cap que per trauca lou bici pres generalement; que si quauqu'un ei bestit d'aquet drap, jou nou soüi pas ome prou riche per l'abilla de l'astoffe qui m'agrade. Au mens :

  Jou boi ana més Jéu tout nut
  Que pourta do de la bertut.

Dats me la fabou de persegui moun Partérre, é bous auts remercarats si jou sabi railla de boune graciê, pica sense malicie, é parla seriouzement, quan lous sutjéts ac demanden.

Epigrame.

A MOUSSUR BEDOUT,

Moun pai,

DOUCTOU EN MEDECINE.

Este boun medecin é brabe filozoffe,
Parla coume frances lou gréc et lou latin,
Rende graciês à Diu, la neit é lou matin,
Touts aquets bés thezors nou soun pas en un croffe.
Aco soun de bertuts, de qui lou mendr' escai,
Plée de banitat ta plan coume de gai
Lous febles esperits d'aquets qui n'an quauqu'ûe,
Mentre que bous, moun pai, countemplats de boun oüêil
Lous qui de boste hoüèc n'an qu'uê petite büe
Ente bous desbremba que bouts éts un soureil.

DORIMOUN

Que se plaing de sa pastoure Jaquete.

Dous aire deu men Gers, é tu, douce ribére,
Oun mous oüêils an jetat uê ribére de plous,
E bous auts, arberets, qui couneguéts ma bére,
    Coundats-lou mas doulous.

Petits anjous de bosc, qui, dessus uê branquete,
Per me da lou boun jour entounats uê cansoun,
Si bezéts per aci ma pastoure Jaquete,
    Hazéts-lou la lessoun.

Pastourets d'alentour, qui benguéts à l'oumbrete
Counda bostes amous au soum deu flajoulet,
Mentre que l'Espaignol se crame la berrete
    Au hoüéc deu pistoulet,

E tu, troupét d'aignéts qui per acere prade
Repauzes a plaze dessus l'érb' é las flous,
Entretant que Lidor, Thirsis é Filorade
    Ban amassa grillous;

Secretari d'amou, qui sabes ma tristesse,
E qui per m'escouta camines lentement,
Arriu, bigne, bergé, quan bejats ma mastresse,
    Digats-lou moun turment.

Moun mau, depush lou jour que sa faciê traidoure
Boutéc dab moun repaus ma libertat au croc,
Trobe mens de piâtat auprés de ma pastoure
    Qu'au prés d'aquet arroc.

Mès perque se facha de mile cops de dagues
Que sous oüéils courroussats tiren à tout moument,
Push que lou qui se plats à recerca las plagues
    Endure justement.

La pene qui dab jou mouris é ressuscite
Hé beze que mous maus soun repouchats à tort;
Push que jou boi mouri per qui hugis ma bite,
    Jou meriti la mort.

Et si nou podi pas parla dab ma bergeire,
Are que sa rigou me deffen de goüâri,
Jou léschi quoüâte bérs dessus aqueste péire,
    Prumé que de mouri.

Adiu! Jaquet', adiu! Lou céu, lou tems, ma pene,
Haran deléu qu'un jour tu cambiâras d'umou,
Quan beges Dorimoun renèsche de sa cene
    Coum' un phœnix d'amou.

2.

LA MORT D'UN GAT.

Moun gat es mort, élas! Bezie,
Quine diâble de fantazie
D'aüe jetat deguens l'arriu
Moun gat? Mès, peu cap d'un juziu,
Si james atrapi dehore
Toun can qui hé tant de biâhore,
B'et juri qu'em sera pagat
L'affrount qu'as héit au praube gat.

Tu l'as dounc aucit, malurouze!
A! traidoure, b'éres jelouze
Quau nou'n aüeües un atau
Per neteja d'arrats l'oustau.
Elas! minoun, lou co m'esclate
Quan enteni la praube gate
Auprés de jou, dessus moun liêit,
Crïda miau toute la neit.

Nous droumiüen touts dus à masse.
Tu l'as leschat are ta plasse,
Oun ere hé luzi lous oüeils,
Abéts cops coume dus careils,
En cerca pertout si t'atrape.
E quan dessus moun cap s'arrape,
Ere cre labets qu'és tournat
Deu païs oun t'en és anat.

Quan me brembi de tas finesses,
De tous sauts é de tas caresses,
De tas faissous, de ta coulou,
Minoun, jou crêbi de doulou.
Hé mouri lous arrats à troupes,
Brega dus ou tres plats de soupes,
Puja sus taul' à petit pas,
Quan degus nou't bezeüe pas;

Ana prene la pourmenade
Peu graé de la carsalade,
E cerca tous plazes menuts
En baiza lous gigots penuts,
Ana courteja la padene
Per bouta las gouges en pene;

Pana la pitans'au lacai,
Tout aco n'ére qu'un escai
De las bertuts qui praticaües,
Au tems qui dab jou demouraües.
Are, t'an negat, per despeit
Que cagués l'aute jour au lièit.

LA MEDECINE A LA MODE.

Francés Brunél, Guillem Bussac,
Medecis de cord'é de sac,
Riches de sciênce maleüade,
Quan ban beze quauque malau
Ban hé de lour sabe parade
Per lou goüàri si n'a pas maou.

Ets dizen en tasta lou pous :
Si bat rede, nou bat pas dous,
E jutgen à beze sa mine
Que lou mau s'es arrebeillat,
Perso qu'en l'art de medecine
Qui suze se trobe moüillat.

Ets ourdounen per aquet cop
Dus ou tres cuillès de cirop,
E, tout en parla d'Hypoucrate,
Proutèsten au praube malau
Qu'un batedis n'es pas la rate
E qu'un seignau n'es pas un blau.

Atau counsulten toutis dus
E respounen tant pis, tant mieüs,
Aux argumens qu'om lous aporte;
E Brunel, que hé l'abizat,
Dits que la doulou s'en ba morte,
Quan lou mau a horenizat.

Si lou malau es trespassat,
Bussac jure qu'a mau passat,
E més caut qu'un cu de marmite,
Cride que lou malau a tort,
Perso que, s'enquoüer'en bite,
Si nou housse pas taléu mort.

—

LOU MOUNDE REMBERSAT.

L'azou cour per dessus lous tets,
L'ours é lou gat se hén poutets,
Un brezeng porte ma cabale,
Un poüil a crouchit un mounard,
Lou chot a poou de la cigale,
Un pout a miniat un renard.

Lous élephans bolen au céu,
Lous serpens nou suzen que méu,
Las mousques biüen de targaignes,
Lous aignéts goüditen lous pastous,
Las tartuges à las mountaignes
Courren meillou que lous moutous.

Las lustres an lou cague-sanc,
Jou héi lou hoüéc de carboun blanc,
Lous criminels an boüne care,
Dus limacs tiren un mousquet,
L'aigue mounte, lou hoüéc debare,
Noste gouge pérd lou caquet.

Sur la punte d'acet clouqué
Uê garie cerque jouqué,

L'estiu hé pourta camizole,
Un tarin mort nou hé que pets,
Dus arrousis ban à la 'scole,
Ma mouillé m'a dat cops de hoüèts.

—

PERPAUS DEU POUT A L'AZOU

Coupem lou nas à la tristesse
Dab lou coutét de l'alegresse,
E per arbiüa noste gai,
Gouiat, porte la clau deu chai,
Camine léu, plée la pinte,
Noste coutoun ei sense tinte.

Parla d'amou ses ést'aimat,
Se cauha per éste cramat
N'es pas so qui Catoun demande;
Qui plan a cerbit, plan coumande.
Jou nou seréi james ta gus
Quan auri touts lous ouêils d'Argus,
De tourna beze ma traidoure,
Cupidoun deguens un card d'oure
Me poüira hé countent s'iu plats;
Fi de l'amou, parlem de plats.
Aco's uê bère retourique
De minja quan la hame pique
E de beüe quan om a set.
Jou nou baillari pas un pet
De las coustumes d'Eraclite;
Cértes aco's uê praube bite
De se bouta deguens lou lieit,
Triste coum'un bounet de neit.

Parlem nous auts de sen qui'n age;
Platoun en la prumére page
Deu quatriéme libe blanc
Nous entreteng deu cague-sanc.

Auprés d'acet cassou de péire,
Tyrsis courteje sa bergéire;
Tout so que luzis n'es pas or.
Lou cérbi, quan enten lou cor,
Per se sauba s'en cour à hute;
Founteneblèu n'es pas uê tute.
Tiret d'aquiu tros de falourd;
Cap de hiu, qu'es un machant sourd
Aquet qui noüy bo pas entene!
Lous rougnurs, qui sorten de pene.
En pau de tems an enseignat
Si hé boun minja coudouignat.
Mès à perpaus de mas gruotes,
Jou haréi de dus mile botes
Déts cens pareils de sabatous
Ses escourja nostes moutous.

Boun Diu, que de gens en campaigne!
Aco's héit, nous beiran l'Espaigne
Debat la man deu rey Loüis.
Junon detja s'arrejoüis,
Quan apren que sa flou s'aüance
Au-dela deu cazau de France.
Espaignol la poou t'a sazit;
Toun couratge s'es esblazit!

Gouiat, aportem lous bezicles :
Mort d'un grilloun, quant de pericles!
Quant de calou aquest' estiu !
Més digues me, coumpai Matiu,
As-tu james bist tant de troupes ?
Cértes, jou bau gouha mas soupes
Dab poutatge de bin muscat;
E be, galant, bat t'ei toucat,
Quan t'éi tirat de la moustache
Aquet cagailloun de punache?

A machand brounc, male destrauc:
Que bo dize qu'en acet trauc

Jou bezi boula tant de parres?
Sense doubte que hén à barres.
L'armanac dits qu'à sent Martin
Lou bot, bau mens que lou satin;
E jou sabi que noste gouge,
Taléu que be cage la plouge,
Me jure que deguens Paris
Lous aujos porten lou peü gris.

Higues en mai, cauze nauére;
Si lou céu n'es pas en coulére,
Cinquante jours aprés aoust,
Nous garniran lou chai de moust.
Aco's parla coume Soucrate.
Elas! que jou plaigni ma gate.
James n'éi bist, depush sa mort,
Camina dret un ome tort.

Lauzat siê méu, qu'es cauze dousse.
Aüe prou d'argent en la bousse.
E nou parla que de latin,
Au loc de hé quauque festin.
Mort d'un turc, quine rabarie!
Minja mes léu porc que garie,
Quauque tailluc de boüêu bourit,
Beüe toutjour lou bin poüirit;
Fi d'aco, crébe l'abariciê;
Tout béu, parlem sence maliciê,
Boutem fin à tant de rigous.
Jou craigni que bengues gurgous,
Quan tu hés tant de rebelenciês.
Terre de jéu, que de poutenciês!
Gouiat, passem sence tusta;
Jou n'ei pas temps de m'arresta
Per beze lous rougneurs en targue,
Quan lou bourreu doungue la cargue.
Per aci hé trop de calou,
E moun co se hen de doulou.

Male frèbe, que tu m'aüeges !
Que diâbles as que tant fadeges ?
N'ac dizi pas per te banta :
Qu'in passetems d'augi canta
Lou tarin sur acere branque ?
Bezes tu coum l'arriu s'estanque
En te councebe sous moutets ?
Ma Clorinde, hém dus poutets !
Moun soureil, ma douce mignoune,
Moun co, ma petite carroüigne,
Bère Nimphe deu tems passat,
Per qui Cupidoun m'a blassat
D'uê bire de ploum espuntade,
Tous oüêils, ta care destintade,
Quan te bei passa per aci
Me hén de male poou tranci.
Gouiat, aco's parla de reste,
Tu sabes que la car ei préste,
Si nou bengues paga l'escot
Lou diâble t'arroumpe lou cot.

CANSOUN

Que se pot canta de qouate faissous.

Cansoun messatgére d'amou
Bé trouba ma bére Naiade,
Digues-lou que pèrde l'umou
D'éste countre jou courroussade,
Countre jou qui, per éste soun,
Soüi mens aimat que nat deu moun.

Depush lou jour que sa beutat
L'a dat poude sur moun couratge,
Lou mespréts é la cruautat
Armen countre jou soun bizatge,
Countre jou qui, per éste soun,
Soüi mens aimat que nat deu moun.

Quand lou bau counda moun turment
Sa rigou dab mous maus s'arbiüe,
Sous oüêils per tout soulatjement
Arrounssen uê braze mes biüe
Countre jou qui, per éste soun,
Soüi mens aimat que nat deu moun.

Ero bo d'autes amourous,
Mous desplazes m'ac hén paresche,
E per me rende malurous
Sa maliciê se plats à creche
Countre jou qui, per éste soun
Soüi mens aimat que nat deu moun.

EPIGRAMES

A l'embéjous.

I.

Tu, qui nou't plazes pas d'augi qu'on me sustengue
E qui, per m'ouffensa, te hés beze ta prount,
Pren garde qu'un matin la punte de ta lengue
N'ane loüi de mous bérs pica sur un estrount.

II.

Biêille masque, biêil matassin,
Oüêil de buzoc, gorge d'armari,
Tu nou prenes per ourdinari
Qu'un tros de mul ou d'arrousin;
La male-hame t'estrangole,
Si ta hile nou t'en escole
Per hé flouri toun biêil estat;
Aco's lou mouyen qui t'ajude,
Autemens tu t'en bas perdude
Ses lescha qu'un courcet de poüils passementat.

III.

L'or mounte, lou sabe debare,
Ciceroun es à l'espitau,
Pline nou trobe pas oustau,
Plutoun parl' é Platoun se care.

IV.

Damoun é Lydor ban soubent
Beze ma moüilé Coundourine,
E jou'n'éi sentit quauque bent
Per la porte de la couzine.
Lous poutets qui'u ban demanda,
Lous prezens dats sense counda,
E push, las naüéres coustumes,
Qu'an aqueris coumpagnoulets
D'eu manda letres é poulets,
Me hén creze qu'un jour, seréi cargat de plumes.

V.

Jane, toun printems es passat,
Lou mendre lacai te mespréze
E toun cos, ridat coum uê fréze
Que las gales an tapissat,
Mustre, prou biêille pecadoure,
Que n'as à biüe qu'un card d'oure;
E déspush cinq cèns trent'é nau
Que dés coungét à ta joüênesse
En la bigne de ta biêillesse,
Lou pish d'un arrousin asaigue lou hounaü.

VI.

Taléu que soüi tournat de beze ma mastresse,
Seigne pai, embejous de mous countentemens,
Me beng canta de bérs que senten la biêillesse,
Are quan nou pot mes jouga deus insturmens.

VII.

Pé de couloum, came d'aussin,
Coüêche de porc, bente de mule,
Sei de baque, cot d'arroussin;
Bras pelut coume lou d'Ercule,
Man d'arpie, mus de renard,
Gorge de loup, nas de mounard,
Oüêil oun las graciês soun malauzes,
Oun la beutat se soupelis
Si tu tengues de tant de cauzes,
Nou podes pas este Philis.

VIII.

Si l'absence de quauque ben
Hé beze que baü sa prezence,
Pol, la soutize bous apren
So que pot bale la prudence.

IX.

Martin, l'aute jour, tout en présse,
Leüaüe dab las dens un pairo plen de bin;
Labets arribe soun bezin
Per lou dize : coumpai, lou bin que s'et abésse?
Nou hé pardi pas, et... respoun lou praube péc;
E per aüe badat, lou pairo l'escapéc.

X.

A UN AUMOUYNÉ.

Ta bountat ei toutjour en bogue,
James om nou't trobe sadouts,
E taléu que la hame jogue,
Ta bousse da toustem à touts.

XI.

A UN POUETE DE LA DARRER' HOURNADE.

Moun esperit n'a pas de ta febles pensades
Que trente bérs latis lou pousquen estouna.
Jou sabi prou que soun de péces emprountades,
E per amou d'aco tu nou'üs hés que tourna.

XII.

SUR LAS OBRES DE SOUN COUMPAIGNOUN.

Lous bérs de Philistor demoren à l'escu,
E repauzen soulets, ses puntes ni figure.
Quan lous trobi ta dous, ses poou de picadure,
Jou m'en héi moucades per neteja lou cu.

XIII.

Cloris, que lou boun témps se plats d'acoumpagna
E de qui la beutat ei de touts adourade,
Tu crezes que toun pai t'age mau tribaillade
E per amou d'aco te hés tant traupaigna.

XIV.

Noste bezin trote menut
Escauhurat de chuc de bigne
Me repique toudjour que beng de longue ligne.
Oida? Push que l'aujo de soun pai houc penut.

XV.

BOUN MINIADOU, MACHAND DANSADOU.

Quan jou soüi coumbidat à héste,
Si parlen de dansa jou demori darré,
Mès taléu que la car ei préste
Jou m'apressi d'un plat per dansa lou curé.

XVI.

RAILLARIE.

Jou nou soüi pas lairoun, murtré nichiche,
Jou soüi balent droll'escarrabeillat,
Jou soüi Baroun, é per n'este pas riche
Nou resti pas d'éste mau abillat.

XVII.

Per jouga nou men parlets pas.
Aco m'es uê cauze naüére ;
Parlats-me de hé boune chére,
E jou bau tengue mas duês mas.

XVIII.

Anagrame.

SES CAMBIA NADE LETRE.

Gabrielle de Gast.
Gatge dezirable.

XIX.

A SOUN MARIT.

Tous maus auran soulatjement
Tas penes auran paguement,
Lou céu te sera fabourable,
Et l'amour per te hé beze
Que seras pagat de plaze
Te déc l'aute matin un *gatge desirable*.

XX.

A LADIS.

Tou soureil ta léu que se leüe
Autour de toun bizatge cour
De ta beutat lou jour maléüe,
Pour bét, jour sense neit pushque detja l'amour
Se be méste d'un céu qui de ta luts reléüe.

XXI.

LOU REY D'ESPAIGNE AUS FRANCES.

Elas ! quin triste joc boste counseil me jogue !
Mas faissous de jouga nou soun pas mes en bogue,
Et a, de soun coustat, sa prudenc'é lou ceu
Per bouta coum lou plats noste cœur suoü carréu;
E Diu, que n'aime pas la banitat d'Espaigne,
   La cargue de mile doulous
   E hé que lou rey Loüis gaigne
  En cambiâ mas picques en flous.

XXII.

LOU REY DE FRANCE AUS ESPAIGNOLS.

 Nou hé pas boun jouga dab jou,
 Noste lis, qui toutjour s'aüance
 Au-dela deu cazau de France,
 Hé que trimfe se trobe flou.

XXIII.

Perso que tu m'as héit de cerbicis ta grans,
Jou prégui toutjour Diu, moun couzim Abadie,
Que bisques en santat tres ou quoüâte cens ans,
Mezure deu païs oun siês mes hén un die.

XXIV.

SUR UN OME QUE DEU MÉS QUE NOU PÉZE.

Lous deütes boutaran Marguilh à l'espitau,
Ses trouba nat amic ni parent qu'eu sustengue;
Touts lou léschen soulet, deguens un tros d'oustau,
Sounque per lou'n tira quauque sarjant y bengue.

XXV.

A UN PARLAIRE QUE S'ESTOUNE DE SO QU'OM NOU L'ESCOUTE PAS DAB PLAZE.

Quan tu debizes, tu t'estounes
Qu'om t'escoute ses t'admira;
Tu dizes de cauzes ta bounes
Qu'om te dara toutjour libertat d'et cara.

XXVI.

Quan jou bezi coumpai Manas,
Coum tu hés rouncilla lou nas,
Jou crezi qu'as begut binagre
E jutgi, si l'oüêil noü'm trahis,
A beze coum t'es héit ta magre,
Qu'an pauc d'aglan à toun païs.

XXVII.

Tu parles ses razoun, quan tu dizes, mastresse,
Que jou soüi tout soulet, toun tout, degens lou moun;
Push que tu hés estat deu mendre qui 't caresse,
Jou nou soüi pas toun tout, enquoüé que siê tout toun.

XXVIII.

A MOUSSUR LAFONT,

Moun ouncle, douctou en dret.

Jou n'auré pas besoüy de degun que m'exorte
   Per recerca bostes fabous,
   Push que moun Apoulloun per bous
Nou pot trouba nat loc oun Pegaze noü'n porte.
Jou boi deguens mous bérs qu'un jour boste memoriê
Nou luzic sur un pin ses y lescha l'oumbratge.

XXIX.

Jou sabi perque Bourtoumiu,
Quan be que lous courdouniès passen,
Dits que lous sabatous lou blassen :
Aco's per amou que 't lous diu.

XXX.

Toun mau de dens, coumpai Frizet,
N'a pas besoüy d'olis ni d'aigues,
Cau que tu minges bourdalaigues,
Si bos goüâri, push qu'és azet.

XXXI.

SUR UN OME
Que ses maridat dab uê riche puncéle beuze de beutat.

Pol anaüe, l'aute matin,
Espouza la riche Catin;
Quan houc au bord de la ribére,
Passéc dessus un pount estret,
E per nou se tengue pas dret,
Lou praube sot la pequéc bére.

XXXII.

Nous haran dimars boune héste
A la bourdete de Malbin;
Més que tu portes pan é bin,
Ta moüillé baillera lou réste.

XXXIII.

REFUS D'AMOU
A uê hille qu'a lou peu coulou d'or de ducat.

Per bous dezabuza, jou juri sur moun Diu
Que james nou pensé d'et aüe per mastresse.
Quan bi qu'un peu daurat ére boste richesse,
Jou digu que mous oüêils n'éren pas d'argent biu.

XXXIV.

LA MIZERIE DUÊ DESBAUCHADE.

L'aute jour, en so de Guinete,
Au mei de quauques cabessaus,
Nous bim uê siéte ta mau nete
Que prengoum dibés per ditjaus.

Un tros de serbiêt' ahumade,
Qui james nou boutge deu croc,
Mous héc creze que la bugade
Ei deffendud' en aquet loc.

Un tros de flascou ses aureille
Que lou bin n'a goüâire moüillat,
Crébe per un boussin de peille
Que lous arrats l'an despoüillat.

Soun liêit après uê loungue danse
A perdut lou noum de repaus,
E disput' à la cauhe panse
Qu'et es mes caut que sous camiâus.

Sur un pount traucat de biêillesse,
Lou plat arrout, l'ast espuntat,
Au ta lourds coume la mastresse
Mous preziquen la praubebat.

. . . .
. . . .

XXXV.

LOU MALUR DE LIDOR.

Quan me parlen d'aquet bét jour
Que lou pastou Lidor jougaüe
Dab Catin au trimfe d'amour,
E que l'un é l'aute gaignaüe,
Jou pensi push que bei are Lidor au croc,
Si malur trimfe se biraüe
Que poüire hé double lou joc.

3

XXXVI.

SUR UN AZOU QUI BOUTET LOU PÉ DESSUS UÊ DESQUE PLEE D'ARRAZIMS.

Jou crezi que Pegaz' à lentour d'un tepé
    Hec nésche d'un soul cop de pé
    La douts oun lou sabe se pesque,
    Push que l'azou de toun bezin,
    En pauza lou pé sur uê desque,
Hec sourti daüant nous uê ribére de bin.

XXVII.

A UN SOULDAT DE MIZÉRIE.

    Brabe souldat de qui lou bras,
    A la bataille de Coutras,
    Mous hec beze tant de carnatge,
    Au tems que la calou deu ploum
    Te hec de poou tourna bizatge,
E quan hés en camin mouri quauque couloum.

    Aco's tu qui, d'un soul cop d'oüêil,
    Hés mouri de poou lou soureil;
    E mars, aquet Diu de la guérre,
    Per te hugi s'en cour au céu.
    Quan tu hés trémoula la térre,
S'enten deguens un lib'ou dessus un tabléu.

    Tu, nou parles que de malurs,
    E per bence mile boulurs,
    Tu n'as que trop de la man drete.
    Aco's lou mes petit espleit
    Qui hés quan tires la berrete
Per aucize lous poüils qui t'an picat la neit.

    Si tu permetes à mous bérs
    De persegui lous locs dibérs

Oun tu hés biüe ta memoriê,
Auta plan coume tous parens,
Jou parlaré tant de ta gloriê
Qu'om nou beira james toun nom aci deguens.

XL.

A UN QUE SE BO RENDE AUGUSTIN.

Quan te parlen deus Augustis,
De doussou toun co s'espartis.
Tout te plats deguens aquet orde,
Oun la bertut n'a james fret,
E si l'embejous y ba morde,
Et, s'en tourne toutjour azet.

LOU
PARTERRE GASCOUN.

LOU DARRE CARREU.

Abertissement.

AMICS,

Aqueste carréu se proumet de boste bertut lou préts que sas flous meriten ; aco n'es pas pauc de cauze qu'uê medische muse tribaille par la deboutioun, per l'amour e per dautes sutjéts que bous remarcats deguens moun Parterre. Si boste boune gracie se plats d'ey hé quauque tour, jou'ts pagaréi de mile grans merces dab proumesse que la muse franceze sourtira léu de moun cabinet per bous hé la rebelencie de ma part ; si bous me demandats per que jou héi més léu imprima la péces gascounes que las francezes, aco's per so que joü éi apres aquet lengatge prumé que l'aute.

Las counceptious de mas darréres pregariês se poüyren exprima dab més de facilitat en gréc, ou en latin que nou pas en noste lengatge. coume lous autes passatges de la theoulougie é deus païs de la gleize, oun jou haréi toutjour glorié de pesca lou mouyen d'este ome de ben, ses aüanssa james paraule deguens las péces de deboutioun countre la fe ; jou'n héi jutges qui soun sabents deguens aqueres matiéres.

—

CANT ROUYAU.

Lou flambéu de la neit d'ab soun negr' aquipatge,
Depush quauque matin s'estuge prountement,
E detja lou soüreil, arribat de soun biàtge,
Port' à noste cazau un bét abillement.
Jou bei seigne Peyrot, dab sa moüillé Jaimete,
Que neteje lous ails deu tail de la sarclete.
Sous oüèils qu'un dous printems embesque de beutat
Lou tiren deu cerbét sa bièille praubetat,
Pendent que lous poumés, autour de la passade,
S'abrassen de plaze quan bezen à coustat
LA BRANQUE DEU PERÉ SUR L'ESPIN EMPEUTADE.

Flor' à qui lou mautems estoufféc lou couratge,
Are que soun amic la baize fresquement,
Ente'u mustra lou sei, descorde lou coussatge
Que mile béres flous embaumen richement.
Lou galant, tout amou, sur sas poupes se jete,
E, per tant de rigous que l'autan lou proumete,
Nou réste per aco, sur sous pots afustat,
De recebe lou préts de sa fidelitat ;
E sadout de fabous, à traués la trillade
S'embague peu cazau é teng en boun estat
LA BRANQUE DEU PERÉ SUR L'ESPIN EMPEUTADE.

Que jou preni plaze deguens un jardinatge
De marida ma bouts au soun d'un insturment,
E d'escouta l'auzét qu'acorde soun lengatge
Aus fredous de l'arriu qui coule doucement.

Aquiu, lou rouchinol, quillat sur uê branquete,
Escarnich l'eschiulet, lou piffr' é la muzete;
Tout parle de bountems, de doussou, d'amistat,
E per mous amea lou siégle tan bantat,
La biülete de mars, de cent flous entourade,
Perfum' en un courné d'ysops passemantat
LA BRANQUE DEU PERÉ SUR L'ESPIN EMPEUTADE.

Jon bezi Philidor debat acet oumbratge,
Qu'entreteng lous échos de soun countentement;
Liris, depush dus jours, lou hé meillou bizatge
E proumet à sous maus quauque soulatgement.
Auprés d'un cabinet, cost'acere placete,
Uê nimphe ba plea de flous uê cassoulete;
Un Mercure de bouch, près d'un lauré plantat,
Hé qu'aquet urous loc ei deu céu respectat,
E Naïs, de cent juncs la téste courounade,
Benazis lou carréu oun Poumoun'a pourtat
LA BRANQUE DEU PERÉ SUR L'ESPIN EMPEUTADE.

Que mous oüêils soun countens de remerca l'oubratge
D'un parterr' acabat, oun direts justement
Que mil'astres naüèts disputen l'aüantatge
E hén à més luzi dab lous deu firmement!
De matin, lou soüreil, quan tire sa bounete
Per dize lou boun jour à la rose musquete,
S'y trobe tout d'un cop de nectar empastat
E chuque d'ab plaze l'ambre qui l'a jetat,
Mentre que lou tarin teng sa lengu'apuntade
Per saluda d'un cant que sa mai l'a dictat
LA BRANQUE DEU PERÉ SUR L'ESPIN EMPEUTADE.

EXPLICATIOUN DE L'ALLEGOURIE.

Lou chrestian, au bét mei de l'infidelitat,
Qui flouris sur uê Crouts oun l'amou l'a plantat,
E de qui la bertut s'y trobe mau tractade,
Ei so qu'aci deguens bous a representat
LA BRANQUE DEU PERÉ SUR L'ESPIN EMPEUTADE.

NOUEL.

L'Anjou aus Pastous.

Adourats coumpaignous,
Lou seignou deus seignous
E saludats Marie
Qui per boste proufeit
Deguens uê stablarie
Porte lou jour aneit.

Digats qu'are lou céu
Nou hé plaue que méu,
L'iüér é sa marhére
S'en ban au temps que diu
Dab uê fabou naüére
Hé néch'un dous estiu.

Lou bent espaüentat
D'aquere noubeutat
Dab respét se demene,
Las rigous de la mort
E tout so qui'ts da pene
An pres soun passeport.

TREMOULET.

N'augis pas tu, Miquéu,
Qu'aucoum deguens lou céu,
Que mous dits que Marie
Bo per noste proufeit
Deguens uê stablarie
Pourta lou jour aneit?

MIQUEU.

J'ou b'augi, Tremoulet,
Lou cant d'un anjoulet
E crei que se prepare
De rende las aunous
Au gran diu qui debare
Per demoura dab nous.

TREMOULET

Anem-y, pastourets,
Pleem nostes pairets
Per ana'u rend'oumatge ;
Tu, d'un piché de léit,
E jou d'un bét hourmatge
Que Guirautoum m'a héit.

MIQUEU,

Seguis me Guirounet,
Héu prezent d'un bounet,
Tu Guillém, d'uê camize,
E Peyrot d'un mandil
Per goûarda de la bize
Aquet ta berot hil.

GUILLEM.

Remercats bous, Cristau,
Aquet boussin d'oustau
Oun Jesus sort de baze,
Que bezéts bous aquiu
Que merite de plaze
A d'aquet ta gran Diu ?

CRISTAU.

Espie de sous oüèils
Sourti dus béts soureils
Per aqueste lucane,
E countemple la mai
Qui deguens uê cabane
Hé néche noste gai.

GUIROUNET.

Soun péu d'or prim hilat
Serbis d'un bét hilat
A nost' amne caitiüe,
Sa car' é soun mentoun
Oun la roujou s'arbiüe
Hé tremoula Plutoun.

3.

PEYROT.

Joüsép tout aherat
Teng moun rey caperat
Debat un pauc de paille;
Lou bestiâ qu'es auprés
Espréssement badaille
Per l'escauha lou4 pés.

JOUANILLET.

Un se, tres brabes reis,
D'or, dé myrr'é d'enceis,
L'y haran boune héste
E beiran léu luzi
La 'stele qui s'apréste
Per lous y coundouzi.

CRISTAU.

Anem dounc, Joüanillet,
Adourem lou hillet
Qui, deguens sa nechence,
D'un poude respectat
Maride l'innoucence
Dab la fertilitát.

—

PERPAUS

De Bertran, d'Arnaud é d'Echo.

BERTRAN.

Echo, digues quine meüreille
Me bat l'aüreille;
E tous acets pastous, qui criden per aciu,
A qui dizen à Diu?

ECHO.

A Diu!

ARNAUD.

Si beng deu paradis en térre
Per hé la guérre
Au serpent qui tant a, mous pessigua lou co,
Digues, beng per aco ?

ECHO.

O !

BERTRAN.

Aquet Diu, de touts, pai é meste,
Be deu plan éste
Seguit de brabes gens, pushqu'ei ta gran seignou,
E de pages d'Aunou ?

ECHO.

Nou !

ARNAUD.

En quin estat bo douc et bengue
Per mous sustengue
E gaigna so qu'Adam, per un plaze menut,
A l'infér a benut ?

ECHO.

Nut !

BERTRAN.

Ses m'entretengue mage pauze,
Dits, quine cauze
Hé qu'en aquet estat, en un tems ta fachous,
Et beng da sas fabous ?

ECHO.

Bous !

ARNAUD.

Es bertat qu'en uê stablarie
Daune Marie,
E bérges, é més mai, aneit l'age pourtat
Per noste libertat?

ÉCHO.

Bertat !

BERTRAN.

Anem dounc en recounechense
A sa nechense;
Recroubem lous thesors que l'infér, á puignats,
Mous aüeüe panats.

ÉCHO.

Anats!

UN PASTOU

Parle, en sourtí, de la 'stable que Diu a cauzit per sa nechense.

Un ome-Diu, hil de sa hille,
Diu de toutjour coume soun pai,
Ome naüét d'uê bérges mai
Dessus la paille s'estenille.
Jou soüi rabit quan bei atau
Deguens aquet boussin d'oustau
Tant de béts mistéris à masse.
Uê bérges mai mous a boutat
Terr' é céu deguens uê bourrasse,
Ome, Diu, tems, eternitat.

EPIGRAME

Sur la nechence de noste Seigne.

Aneit un ome-Diu, tout plen de courtouzie,
Boute deguens lou moun lou ben é lou proufeit;
Si réste quauque mau, aco's la jelouzie
    Que lou jour a countre la neit.

SOUNET

Sur la mort de noste Seigne.

  Lou soüreil hé maschant bizatge,
  Lou céu refuse sa clartat,
  Un pericle de cruautat
Boute deguens lou clot noste mes bét oubratge,

  Lous elemens pérden couratge,
  La péire se hen de piàtat,
  Lou marbre pérd sa calitat,
E jou nou perdi pas l'umou d'este saubatge !

  Dous Jesus ! que bo diz' aco ?
  Jou bezi sense mau de co
Que per bous da la mort uê poutenciê se dresse,

  Et qu'au brut de boste turment,
  L'arroc qui n'a pas sentiment
Per mustra sa doulou se coupe de tristesse.

DOUTZE BERS EN QUOUATE

Sur un medish sutjét.

Jesus dab sa bertut,	En despeit de la mort,
Me tire d'esclaüatge.	Are jou soüi en bite,
Push que n'és abatut,	Quan et me ressuscite,
Que per me da couratge.	En amendri 'moun tort.

Jesus dab sa bertut
Me tire d'esclaüatge,
Push que n'es abatut
Que per me da couratge.
En despeit de la mort,
Are jou soüi en bite,
Quan et me ressuscite
En amendri moun tort.

PREGARIE DAÜANT LOU SANCT SECRAMENT.

Ave verum, etc.

Jou saludi lou cos d'un hil qui, sense pai,
  Deignéc cauzi per mai
 La sacrade Bérges Marie
E nescout praubement deguens uê'stablarie,
Aco's aquet medisch qui, per noste pecat,
Se troubéc sur uê crouts en force locs traucat.
  Quan la'spine dessus sa faciê
En despeit de l'inférescriüouc noste graciê
  E quan un houêc de caritat
Tiréc aigu'é mes sang de soun noble coustat.
Diu de doussou ! prumé que la mort nou 'm susprene
Entrats deguens moun cos per me tira de pene.

Epigrame

SUR LA BICTORIE DE DAVID COUNTRE GOLIAD.

Goliad es bensud, tu l'as boutat per terre,
Lou seignou d'Israel per qui tu hés la guerre,
Ta roune ni toun bras nou tan pas dit de nou
E tu hés d'un caillau un foundement d'aunou.

Epigrame

A SANCTE CLARE.

La luts de Paradis qui sur ta man s'empare,
Luts qui se pot beze d'esprit meillou que d'oüéil,
Te hé dab gran sutjét apera sancte Clare,
    Push que tu portes lou soureil.

—

PREGARIE A LA SANCTE TRINITAT.

O sancte Trinitat, ô flambéu de paradis, soureil ses esclipsi, jour dab qui la neit nou hé pas à meges, dats-me la graciê que jou pousquei, à la fabou de boste clartat, ana deguens la ma d'aqueste mounde sense tusta lous arrocs deu pecat, é qu' à la fin de moun biâtge jou trobe lou port de salut!

Atau sie.

—

PREGARIE A DIU LOU PAI.

O gran Diu, qui de toute eternitat engendrats un hil auta gran coume bous é qui nous réste pas per aco d'éste ta biêil coume bous! Enquoüére que siats soun pai, bous lou dats boste nature ses la pérde, é la generatioun, qui partis de bous à et, nou pot pas recebe lou mendre cop de corruptioun, ni la proucessioun, qui beng de toutes dus au Sanct Esperit, la mendre bricaille d'empachement. Bous autes éts tres persounes é uê nature simple qui n'a pas arreng de semblable en beutat, bountat ou sagesse. Jou 'ts adori, jou 'ts aunori; ajats piâtat de jou; nou lechets pas à l'abandoun aqueste petit escai de bostes obres.

Atau sie.

PREGARIE A DIU LOU HIL.

O dous Jesus, imatge de Diu lou pai, imatge qui éts la medische cauze dab lou qui 'ts imprime, jou counféssi que bous éts Ome-Diu é que, per amou d'aqueste praube pecadou, bous aüéts deignat marida lou tems dab l'éternitat, la mort dab la bite, la praubetat dab la richesse, la feblesse dab la grandou. Jou crezi que bouts és nescut d'uê berges mai; que bous aüéts endurat mile maus per me goüari; jou 'ts prégui de m'aubri las portes de boste graciê é de'm coundouzi deguens lou camin de la glorie.

Atau sie.

PREGARIE A DIU LOU SANCT ESPERIT.

O glorious sanct Esperit, amou deu pai et deu hil qui dab toutis dus nou héts qu'un Diu, é qui nou passats pas aprés eris, en l'orde deu tems, de dignitat ou de nature, enquoüére que boste proucessioun bengue d'ets; bous éts lou pai deus orphelis, la richesse deus praubes, lou medecin deus malaus. Entrats deguens moun co, abeurats ma sequére de l'arrouzade de boste graciê. O sacrade Couloume qui debaréts dessus lou cap deus apostous dab lengues de hoüec, cassats de moun esperit la neit deu pecat, é héts y néche lou jour de la bertud.

Atau sie.

PREGARIE DE NOSTE-DAME.

O douce Marie, arque merbeillouze, oun lou diu d'Israél a repauzat, ô tabernacle que Diu a héit de sas propries mas, ô auta benazit, oun las péires nou houn james tribaillades de man d'ome, ô lampaze toutjour alugade, ô térre qui porte lou frut de paradis, ô canau per oun passen las gracies que Diu mous embie; ô douce Marie, més sabente que lous Cherubis, més alugade d'amou que lous Seraphis, més assegurade que lous Thrones, més horte que las Principautats, reine deus Anjous, mastresse deu céu é de la térre. O Marie! hille de Diu lou pai, mai de Diu lou hil, nobie deu sanct Esperit, escoutats mas pregaries, ajats piâtat de jou, guoüarits mas plagues, esbricaillats las cadées que l'ennemic trobe per m'estaca, emparats-me, que lous pes de mous pecats nou 'm hasse cage. Bous me poudéts guoüari, push que lou qui porte la santat au mounde, hé glorie d'éste boste hil; bous poudéts esbricailla mas cadées, push que moun dous Jesus, qui teng estacat l'estajant de l'infér, ei sourtit de boste bente; bous me poudets empara push que bous aüéts tant de crédit auprès d'aquet qui teng tout lou moun dessus lou cap deu dit. O douce Marie! Ajudats-me dounc si bous plats, push que bous aüéts tant de poude é jou tant de bezoüi. Boste nom sera toutjour dessus ma lengue, é boste amou deguens moun co.

Atau-sie.

FIN.

Avis.

Amics, si troubats fautes d'impressioun deguens moun Parterre, coume, per exemple, letres rembersades, punts, apostrophes ou virgules hore de loc, etc., letres de soubres ou de manque au coumencement, au mei ou à la fin deus mots, qui poden cambiâ lou Gascoun en Frances, é à béts cops, en quauque lengage incounnegut, escuzats la haste de mous amics é l'absence deu boste, é crezets que jou troubaré per bous da, force pécés qu'ets an lechat pérde.

POUESIÉS DIBERSES.

DASTROS (Jean-Guillaume)

DE SAINT-CLAR.

Les Plaisirs du Primtemps.

A quo' s puleou un anjoulet
Que nou pas l'arrousignoulet
Que, dab soureil é més dab luo,
En canta tuo, tuo, tuo,
Auci, auci, auci, auci,
Hé lous més trist' arrégausi,
E dab soun cacho, cacho, cacho,
Més de gays fredous et despacho,
Au calamet de son gaüt,
Que nat biouloum n'y nat flaüt:

. . . .

La lauzeto per lauza Diou,
Dab soun tiro liro piou piou,
Debes lou ceou, dret coum uo biro,
En bét tiro lira se tiro;
E quan nou pot mes haut tira,
En bat tourno tiro lira.
. . . .
. . . .

L'amour qu'aluqui dins lou cô
Pas' au-dela de tout aquô.

La pageso da soun pagés,
La bourgéso dab soun bourgés,
Lou gran baroun dab la gran damo,
Lou hoüec d'amou tout ag alamo.

Las bestios brudos à lur tour,
Lou couloumet dessus la tour,
Lous auzerets per la hoüeillade,
Lou bestiaret dessus la prade,
Lou parratoun peous traucs deou mur,
E loûs peychis an lou boun-ur,
De hé l'amou sés nado hounto
Deguens la gourgue mes pregunto.

Lou trimfe de la lengouo Gascoune.

PLAYDEJAT DE LA PRIME, p. 4, 5.

La Moisson.

Quing plase y mage qu'aquet,
Ses y bouta mes de caquet,
Qu'esta sou bord duo hountete
Dessus un tapis de menteto,
Hourrat d'un herbilloun menut
Que nado bestio n'a tounut.
Aquiou, à l'oumbreto d'uo touno
Oun de l'estiou ni de l'autouno,
Encouero benguo coum' un treyt,
Lou soureil n'a pas passetréyt
Per hica'y nado soureillado
A traoüés l'aspesso hoüeillado,
Sounque l'auro d'un ayre fresc
Que'y tenc toutjour lou loc gayresc,
E lou marmus de l'aygo claro
Que'y tenc toujour musiquo raro.

A qui, tout lou marme deou jour,
Mestre é mastresso hen l'amour
Au soun brounent de la cigalo
Ou de la tourtéro louyalo;
En espia d'aquet se sede
Coueilhe so ques de coueilhede,

En bet espia las longuos ruos
D'estiouandés que, coumo agruos
Arruadets, tounoun lous prats
Ou las mesturos ou lous blats,
Dementre que beng la caillado
En un banoun plan caperado
D'uo serbieto de sa coulou
Blanquo coumo la fino flou;
Dementre qu'à traoüés la sesquo
La bouteillo se tenguo fresquo,
Ou plan boussouad' au mes pregount
De l'arriouel ou de la houet.

Dementre que dessus l'erbetto
Marioun esten la serbieto
Dab un coutet é dab un pan
Blanc coumo béro dent de can,
Mentre que lou beyr' er' arresquo
Ou l'ascudelo en la hount fresquo.

Mous massips se laüon las mas
Push se pleyon lou cougomas
Ets chapon pan, chapon hourmatge,
Push per deli lou coumpanatge
Beoüon, ses hounto de degun,
Quouate calissados quadun.

Après ets caqueton uo pause,
So qu'augi la gouge nou gause;
Mès s'entourne dret al bourdiou
Per ceussitâ so qu'éro diou,
Pendent que mous drolles pihaignon
E que d'arrise s'acacaignon.
Mès soun sadouts de passo-tens?
Ets s'adromoun en medich tens,
Et estenut, és'e estenudo
Sur aquero erbeto menudo
La soulo camiso dessus
Aumens de la cinto à l'ensus.

Atau en leichon pla bien cage
De tout lou jour la calou mage.
. . . .
. . . .
Dedens uo bero sale basso
Mayado de manto vo flou,
Per amatiga la calou
Dab la juncado touto fresquo,
D'espic, de mandras é de sesque,
Oun en un mot passon la néyt
Dessus uo grane arquo de lieyt,
Oun t'aysadomen ets s'ajoquon
Que de tres pams ets nou se toquon,
Dab un soul linsoulet dessus
Camos en bat, camos en sus.

Lou trimfe de lengue Gascoune.
PLAYDEJAT DE L'ESTIEU, p. 12, 13.

Les plaisirs de la veillée.

Nouy a mage plase qu'aquet
D'escouta lour gadau quoquet,
Penden que la praubo anjouleto
Hé lou hoüec debat la ouléto,
Ou dementre que l'anjoulet,
Lou hé debat lou payroulet,
Que lou boué pleguo vo trezeguo
Ou que carpento vo maneguo,
Que Nicoulau herr'un esclop
Dab sa Margoutoun tout au prop,
Qu'en canta de hila s'ahano,
Que Jouano coux, que Jouan debano,
Que Marioun penchino lin,
Qu'er'aoué encoué deguens l'esclin,
Que Lucio netejo arrabisos,
Que Pey pedasso las garbissos,

Que l'aoueillé se hé'n garrot,
Que Coundourino dab Peyrot,
Se hen l'amour à las couchados
A tauhenats é à squissados,
Denquio qu'an amassat calou
E boutat fort bero coulou,
Qu'ets disoun d'uo fayssoun gentilo,
Arreproués cent é més milo,
Qu'ets hén à milo jocs plasens,
A mile plases innoucens.
Las quoüate sazous.

PLAYDEJAT DE L'HIOUER, p. 44.

Les Bienfaits de la Terre.

Jóu'é toutjour caucoumet de nau;
Jou'é toujour peillos en reserbo;
Un cop me pari d'un berd d'erbo,
D'un berd escu ou d'un berd gay,
Coumo en mars, en abriou é may.
Labets, d'uo richo broudario
Jou chamarri ma bragario,
Sur berd trinfe lou ginjoulin
E sus jaune la flou de lin.

E quan la bladero Diouesso,
Cerés, beng esta moun oustesso,
Jou li desplegui moun tesor
E me bestichi touto d'or.

E quan jou lotgi per l'autouno
La sabouréjante Poumouno,
Jou m' pari de riches carcans
E de bracelets touts roucans;
Mas peros é poumos graciousos
Soun autant de peyros preciousos,
De la caus moun senc relusis
Dab lou jayet deous arrasis.

4

E quan jou'é l'Youer en presenciou,
Jou m' bestichi touto de neou;
Labets, de touto taquo franquo,
Jou soum per tout finoment blanquo.
. . . .

E nou'y a noyriço ni may
Qu'ayo jamés, dab tant de gay,
Baillat au nouyrigat sas poupos
Peychut lou mignam é las soupos,
Que jout' héou chuca, jour é neit,
Ma sustancio coumo béro leyt?
E jou blat roujet é groussaigno,
Briouo, segle, que blat espragno,
Baillarc, orch, couadrac é primauc,
E jou speauto tabenc un puoc.
E jou gueichos, e jou dentillos
Que soun de prou brounos ganillos
An deous petits é mes peous grans,
Ceses bequis é ceses blancs,
Curs, cesqués, haouos é moungetos,
E milh an de las armoutetos;
E jou ris per t'en ahastia,
E jou siouaso an deou bestia.

Lous quouate elemens.
PLAIDEJAT DE TA TERRO. p. 189 et 192.

———

SENTENCES,

Proverbes et dictons de la Gascogne.

Si bos amics encoüere,
  Gouardet de nécere.

—

Dieü mous da que neiche,
  Que nous dongue que peyche.

Qui hé trop grane chere,
 En fin se bey necere.

—

A l'arroussin, qui nou bo sere,
Dieü lou doune bast, et aura croustere.

—

L'home perpause
E Dieü dispause.

—

Qui toustem est à gleize é pau souen à l'oustau
Est plan une gran baganau.

—

Quan et casse éit per térre
Sclettos toutis qu'y hen;
Nou't trobes pas en necere,
Peramou que prendran toun ben.

—

Trop grata qu'escotz
E trop parla que notz.

—

Se tu caultiones per autru,
Counde qué diües tu.

—

Qui bo plan hé sous ahes,
Que nou preste james.

—

En la maysou de l'adultere,
Arre que nou'y prouspere.

—

Plague d'aunou que doltz,
Plague d'argen nou nolts.

—

Lou can é lou gat
Que preguon Dieü peu maou abisat.

—

La cousturière fade
Hé loungue lignoulade.

—

La hilhe hé prou boun jornau,
Quan ba 'n ta la gleize ses daouantau.

—

Qui toutjour tire é nou met,
Ques leou au houns deu sacquet.

—

Lou petit gaing
Qu'atten lou grang.

—

Marchandise plan recounegue
Qu'éi miey benude.

—

Qui bo hé plan é nou hé mau
Haute sermoun que nau cau.

—

Mounte piau à la montade,
Débare quiau à la débare,
E beses minsa la sibade,
Tu haras boune jornade.

—

Qui nou se maride dam lou dol,
Nou se maride pas quan bol.

—

Assi ni en Espaigne,
Qui nou sap nou gouazaigne,

—

L'amou ni la goute
Nou sap oun se boute.

—

En ceou 'stelat, ni en c... besiat
Nou't bizes james goujat.

—

Qu'an y és la prusaraigne,
Be y a grane magaigne.

—

A hame qué pique
Boun'ei la mique.

—

En sep ses,
Qu'en sep mes.

—

Ben hurouse la mayson
Qu'amics recep à foyson.

—

Lecgan pradisé
Nou sap pas lou pourin de qui és.

—

Jou trobi en un instroment,
A grane chére petit testoment.

—

Qui nou tribailhe quan éi pourin,
Que tribailhe quan es roussin.

—

Bau més boune renoumade
Que cinte daurade.

—

De boun bailhet en loyau este,
De serb idou qu'om deben meste.

Hille que landro
Taulé que brandro,
E hemne que parlo latin
Toustem haram uo tristo fin.

—

Nobio, bouto la ma sus cap;
Diguo : boun tems, oun es anat?
La man sus cap, lou pé sus hour,
E dig adiu à tous bets jours.

—

Be se coneis à la garie
Qu'in pout l'amie.

—

Debat la barbe blanque
Que se noueris la bere infante.

—

Qui castaignes boute au hoüec ses counda
Més ne cerque que n'oun y a.

—

Be hille la rousse
Be sap he la bousse.

—

James hemne mude,
Nouc houc de marit batude.

—

A troujes orbes diu que da 'strous.

—

Endure nore
Per fin seras dehore.

—

Qui nou samoüe deu soun
Nou samoüe per sazoun.

—

Qui refuse,
Que muse.

—

Qui pague lou proumé
Ques serbit lou darré.

—

De bin é de hen
Qui més n'a, més ne despen.

—

Cassadou de cardine é piscadou de ligne,
Qan lous autes soupon, et que digne.

—

Jamés home lüé
Nou plehec chay ni grahé.

—

Qui gouarde soun dessert,
Si nou gaigne nou y pert.

—

Qui tout s'ab boute en un toupin,
Tout s'at ming' en un maytin.

—

Jamés beouse ses counseilh
Ni dichapte ses soureilh.

—

Quan lous mestes soun tambouris,
Lous bailhets que soun dansairis.

—

Hardid' é hardit
N'es pas combit.

—

En tant de portes,
En tant de sortes.

La hemne sotte
Lou se que trotte.

—

En gratouilha que cay la trouge,
Atau be que hé la gouge.

—

Nou hoüc jamés beres presous
Ni leges amous.

—

Ni per mau, ni per ben,
Nou boutes toun pé sus men.

—

Joüen qui beilhe é bielh que dort
Bei plan prés de la mort.

—

Qui minge plan é cagüe hort
N'age poeu de la mort.

—

En may é en juilhet,
Ni hemne ni caulet.

—

Entre la soupe é lou caulet
Que cau beüe un goulet.

—

A mau de bente cau cagua,
A mau de cap que cau minja.

—

En la frebe é en la goute
Lou medicin que nou'y bei goute.

—

Qui be ten la caiguere
Nou se ten pas en la carrere

Qui trop de coueyte pren,
Lou cu seou hen.

—

Uè nouirisse é un lebré
Que tengoun tout un foyé.

—

Coysse de lebe, reble de lebrault é blanc de perdits,
Que soun lous milhou boussis.

—

Sep sartes, sep tichanés é sep mouliés
Boutats-lous en un salié
Leuats un palaucoun
Beirats bint é un lairoun.

—

A nadau
Tripes grasses à l'oustau.

—

Quan nadau es un dimenge
De hieu é de candele nou t'eschenge.

—

Quan nadau es un dilus
Toute bielhe hé mau mus.

—

Quan nadau es un dimars
Pan é bin, per toute parts.

—

Quan nadau es un dichaus
Boüé ben tous boeus é tous braus,
E boute t'oc en blat
Qu'ey gaignaras per mitat.

—

La terre de ture lure,
Coum més plau que benc més dure

La plouge deou couqut.
Ta léou muilhat ta léou eschut.

—

Aube rouge
Bent ou plouge.

—

Rouge lou cé é blanc lou maitin
Garre en tau praube péligrin.

—

Quan plau d'auans la messe,
De toute la sebmane nou cesse.

—

L'arcoulan deou maitin
Qu'engoge lou moulin.

—

L'arcoulan deou sé
Tiro lou boué deou péchedé.

—

En jié é en heuré
Ques bouno la garie deou joucqué.

—

Aoué heuré,
Douman candelé,
Saint Blazi at darré.

—

Nostro dame la candelere,
Tiro las oueilles de la ribero.

—

Nostro dame la candelere
Boun soureil en a carrere.

—

En heuré
Tribaille laouré,

En mars
Lou gars,
En abrieu
Lou caytieu.

—

Bourrou de mars
Plehe lour cars,
Lou d'abrieu
Lou barrieu,
Et lou deu may
Lou chay.

—

En abrieu
Lambrieu,
En may
Cabeilhay.

—

Quan la grüe ba à cap sus
Tout l'youer qu'auen desus;

—

Quan la grüe ba à cap bat
Tout l'youer aüen passat;

—

Quand lou broc blanc broto
Lou can hol que troto.

—

Quan la lüe pen,
La terre hen.

—

Quan la lüe es de panchoc
Que pouiran hé chic choc.

—

Bau més hé deou hol
Que laura en temps mol.

Quan la garie se secoüe,
Boüé samoüe.

A Saint Francés
Samoüe pagés.

A Saint Loup
Jitte lou lin peou souc.

A Saint Miqueou,
Jitte lou blat au ceou.

Quan la sicgale cante,
Cau beüe lou bin de la plante.

Quan lou gran es madu,
Be à la bigne au sigu.

Des qu'és à Saint Martin,
Tout bielh que beou bin;
Dequieu en la,
Qu'en beou qui'n a.

A saint Sist,
Arrasins bist;

A Saint Laurens,
Sors-le dedens.

A sante Fé
Pren la mesple quan la bé.

Lauzet é lou mousaron
Cauprene quan Diu t'au don.

Mém. manuscr. pour servir à l'Hist. et Descript. de la ville d'Auch, par M. d'Aignan.

ADER (Guillaume)

Touts aquets grans Roumans, de qui la plume oundrade,
Ei depush tant de temps dequie nous arribade,
Que banten un Hector, un balent Achillés,
Soun mes génecs que jou, saben é bét-parlés;
Més s'aquets m'an passat de science é de l'engouatge,
Jou courri d'aouant ets é préni l'aouantatge,
De so que jou diré dab bertat é rasoun,
Que nouc houc jamés un, coum lou noble Gascoun,
Gentilome d'aunou, de bertut é de race,
Noun pas per un trafic ni per croumpe d'uë place,
Més héit à force pics en bét miei d'aquets draps
Que hilen d'ab martets, batanen à la horgue,
Per ana deus prumés quan lou pistoulet morgue.

Henric, hil de la gouerre é lou païs deus souldats,
Tu, que t'as gouassaignat en tant de grans coumbats
Lou riche nom de rei é portes sus la lance,
Autour deu nom gascoun, la couroune de Franse,
Grasus-me que jou digue é descriougue perfeit
Un boun é gran gouarré au biou de toun pertreil,
Autreje é da, s'ets plats, au subjet que m'amuse
Tas armes per patroun é ta glorie per muse.

BARON (Louis), DE POUYLOUBRIN.

Ode à Calixte.

IMITÉE DE CELLE D'HORACE,

Ad Torquatum, liv. IV, ode III.

Lou frét a pleguat en Scythie,
Lou tems n'a rés que nou sie doux,
E loui de noustés terradous,
Lou bén barbegélat perseguis Orithie.

La terre semble esté de noces;
Adiou las plouges é las neüs;
Per oun passaben lous bateüs,
Are sense dangé passen force carrosses.

Las gracies dansen toutes nudes
E tenguen lou bal neït é jour;
Las nimphes, toucades d'amour,
En un roc ahumat nou son mes escounudes.

Per tout s'entreteng l'allégresse,
Lou plasé court per tous estrems;
A la bengude deü printems,
Noste cos adroumit hé biarda la paresse.

Més lou bet tems, bére Caliste,
Nou dure pas tout-à-james;
Lou jour, la semmane, lou mez,
Passen coume lou treit per daoüant noste biste.

Las sasous coulen üe per üe,
L'youer, printems, autoumne, estiou;
E toustems la qui toque au biou,
Entre, que nous surpren, hé peu moun la rebue.

A la fin, toutis ém dé passe
E disparéchen coum bet hum;
Tantos hé cla, tantos hé crum,
E rés d'asségurat nou demore en üe plasse.

Tout ço que teng cau que s'esblince,
Rey, gentilhomé, mangouné;
E nous bezém én un carné
Lous ossis d'un paisant dab lous deu plus grand prince.

Que Sçap-on s'aquesté bel die
Sera lou darré qué beiren;
Dilleü douman nous jougarem
L'acté que dab la fin hé noste tragédie.

Caliste, tas lises gautetes,
Oum és lou paradis d'amour,
Se blemiran au prumé jour,
Coum hén, en plen youer, las plus belles flourettes.

Aquet cot poulit coum l'ibori
Nou sentira qu'à l'escaudat;
E ton berot seï meï courdat
Sera de las lédous lou pétit consistori.

Diane se trobe petite;
E per tant que prégue lous dioüs,
Nou pot remette au reng des Dioüs
L'esperit innoucent de soun caste Hypoulite.

Thésé n'a pas la licencie
De délibra Pirihoüs;
Nou crejés pas de tourna plus,
Quand lou juste Minos n'aura dade sentencie.

Si jou nou conserbi ta glorie,
Toun rénom se troubara court,
E toutis lous qui t'hén la court
Nou dresseran jamés d'autas à ta memorie.

La plus praube de la commune
Aura tant coum tu sez ma man;
Pren-mé, mes leü houé que douman,
De jou depend ta boune ou maubese fourtune.

Epigrammes.

CONTRE UN MAUVAIS POËTE.

En la hountéte de Pégase
Tu-t-bantes de t'este baignat;
D'équiau hons, jou crey qu'ez anat,
Car ta rime sént à la base.

Lyndas ques riche poutént
A sous festis toustem m'apère;
Més jou nou soui gouaire countent
Ni del ni de sa bouno chère.
Sous bailets, per cambia soubent
Sous plats que passem coum lou bent,
Ban é tournen à la cousine.
Jou n'aymi pas aquet fatras;
E quin mouyen de bengue gras
D'un festin qui toustem camine.

IMITATION
d'un Disque d'Ausonne (1).

Deguens un cascou, l'auté jour,
Dus coulouméts hén lur couade;
Jutgeats d'aqui qu'in ez l'amou?
Qu'au Diou Mars Venus a jurade.

(1) Militis in galeâ nidum fecêre columbæ;
Apparet Marti quàm fit amica Venus.

DU GAY

De Lavardens.

Fragment du chant royal d'Alcinoüs.

Seu tems que lous Bessous de la plano azurado
Preparon lour oustau per arcoeïlle Apolloun,
E que lou taure arrous hugis dab la baccado,
En de s'ana repéche en un soumbre baloun,
La tempesto brounis suber nosto tucouéro,
E la terro pertout humo coum yo carbouéro.
Adiu, saubo qui pot; tort, dret, borni, sclatat,
L'un cay, l'aute se leüo, é jou, prou mau mountat,
Dementre que peu céu la pegueto s'estiro,
Courri de touts estreus é serqui, au man tastat,
ALCINOUS SOIGNOUS DEU CASAU DE CORCYRO.

Lou loung d'un large arriu preni la debarado
De caps an un tuco bourdat de mourassoun,
Oun Floro, quant é quant touto mau encarado,
Muchéc à bount acient qu'aquet loc ero soun.
Nou houi pas à la caus, qu'un pet de periggléro,
Un terrotrum brouhent, yo negro crumadéro,
Aro aciu, aro aquiu, escounet la clartat.
L'escharuscle que cay des lambrets amantat
Get des pés en tau céu moun éggùo carabiro;
Ten boun, eggùo, ten boun, d'inquio qu'ajo acoustat
ALCINOUS, SOUIGNOUS DEU CASAU DE CORCYRO.

LE TOMBEU DE BEULIEU.

Poèto d'opinion, negat au petit ramié de Tholose.

Are, Muses, per pourta do,
Quitats aquet blanc arrodo,
Qui bostes pelets entrelasse;
Tout lou moun dira qu'aouets tort
Si las campanes deu Parnasse
Neit et jour nou toquen a mort.

A mort, campanetes, à mort,
Patic, patac, toutes d'accord,
Hets ta plan que boste sounaire
De soun tribail nou bengue flac
E d'un brut qu'espaüente l'aire
Barrats la bouque à Cardeillac (1).

Beulieu, boste gran fabourit,
Aquet délicat esprit,
Ses negat, ta brabe coum ero,
Garone, be las pla toucat !
Jou pregui Diu que la sequére
Te punisque daquet pecat.

Be l'agoure mesléu balut
Per sa glorio é per soun salut
Que housse baignat à la plouge,
Ou coum un brabe compaignoun
Negat en passa la ma rouge
Deu rebregat ou deu gigoun.

(1) Magnifique et énorme cloche de l'église St-Etienne de Toulonse donnée par l'archevêque Jean de Cardeillac vers 1380. Elle servit en 1794 à faire une somme énorme en monnaie de billon.

Taléu qu'et agout cluquat l'eil
Mile pechis tengoun counseil
De l'ensebeli degens la base,
E toute la troupe à la fin
S'agousse agut la barbe rase
L'agoure pres per un Dauphin.

Lous brouchéts dansaüen auprés,
Las carpes seguien de prés,
Lous traugens estaüen de coste,
La siege autour bengoug rouda
E lou saumon courrouc la poste
Per aüe tems deu saluda.

Lou barbéu condusic aquiu
Mile lampréses que l'estiu
Dab sa calou teng encourdades,
Lou lampresoun dab lou coula,
A traués un reflus d'oundades,
De plasé semblaüe boula.

Un que nadaüe dessus tout
Troubéc l'usatge de la bouts
E d'ue gaillardiou marcesque
Montéc ses paré deu paselis
Dessus un garrabat de cesque
Per aberti lous Dius maris.

Aulaléu coum lous abertic
Neptune au grand galop partic,
Clymène, Pithos, Leucothée,
Marchen coum et, lou plus soubent,
E per passa daüant Prothée
Se metamorphosec en bent.

Cymothoé dab lous tritous
Que naden meilhou que guitous
Passen dab Doris e dab Glauque
Près d'aquét engourgat pregount
Oun de la regine Pedauque
Tems passat bragaüe lou pount.

A pene lou poudoun bese
Que las Nayades, de plasé,
Hen un bal autour de la proye ;
E ses gouaire se destriga
Bastiu autour un houec de joye
Doun l'aigue pensec s'aluga.

Lour arbes queren tout auprès
Semblaüen este cyprès
A la coulou de las arrames,
E lous qui toucaüen lou bord
Cinq ou ches cops pleguen las cames
Per cabucha lou praube mort.

Lou ramié qui bit tout aquo
S'esbalousic de mau de co
E s'en atristec de toute sorte,
Que per mostre de sas doulous
Et se tintéc en feuille morte
Sa raube de satin dab flous.

Lou rouchinol que tout lou jour
Aüé discourit de l'amour
Dab lous fredous de sa lenguete
En entrecoupa sous accords
Semblaüe dessus üe branquete
Entouna l'aufici deus morts.

Lou miraillo perdouc lou cant
La cardinete quant e quand
S'anec escoune en las tenebres
E lous bents daquet parsan
Augin las ouresous funébres
De la calandr'é deu pinsan.

Cependent per ta gran aunou
Et nou poudouc dise de nou
A la parque qua touts ourdoune
Sentenc', aprés prese de cos,
D'ana compareichi en persoune
En la tournele de Minos.

Coum et paric dessus lou bord
De la ribére de la mort.
Charoun lou demande l'obole;
Mès et, d'abord l'arrepartic
Dab üe rodaumountade espagnole
Doun lou bieillar s'estrementic.

« Passon léu de là, barbe blanc,
Ou jou bouteré tout à sang
Dab lous canous de ma coulére,
Nou bouilles pas de moun argent,
Ta barque nes pas üe galére
Per rançouna la brabe gent. »

Labets, coum se boulouc boutgea,
Charoun lou héc arranquéra,
E troublat d'aquere abentūre
Atau coum s'apresséc deu port
Cresouc à bese sa posture
Quére Vulcan lou came tort.

A la fin de là héc passat
Aprés s'este prou courraussat;
Mès be b'agug de maus alarmes :
Quan, entre dus pourtaus ardens,
Despouillat de secour é d'armes,
Un mastin lou mountrec las dens.

Sous peus eren couberts d'aspics,
Sous œils bourdats de basilics,
Sa gorge presentaüe un gouffre,
Sa lengue es un trible hissoun,
Soun nas arrouflaüe lou souffre,
Sa lei, la peste e lou pousoun.

Et bengouc blanc coum lou papé
E pensaue de he repé
Quan lous fourrats de Rhadamante
Qu'eren autour de Phlégetoun
L'arrouséguen per la gargante
Au consistori de Plutoun.

Coum ere nut e désarmat,
Et demouréc tout esparmat
E cresouc que per héu la guerre
Deguens la campaigne deus morts
L'infer aué bouitat la terre
E de sargeants é de recors.

Force esperits qui bin aquo
Lou deuen mage mau de co,
E per esmaüe més *sa pegue*
Lous plus bouffous bengoun crida :
« Beulieu rat, couhete de pegue,
Beulieu tournot à qui nout da ? »

A qui lou praube mei tentat
De se bese ta mau tractat
Bengouc més rouge que la brase
E dan soun cap teste morbiu
Gouardec si troubére l'espase
Que pourtaüe quan ere biu.

Pusch, fougous coum un aute Mars,
Lous perseguig de toutes parts,
E cridec quan sur la bataille
Lous bic cage à grans boulops,
« Be bous hisats plan rafataille,
Quan nou poudets mouri dus cops.

« Bous me harats, bouillats ou nou,
Réparation de moun aunou,
Ou jou juri lou qui domine..... »
En aquet mot touts estén dous,
E lous laquais de Prouserpine
Lou demandén mile perdous.

Lou bous bela dounc arribat
Après aué rendut combat
En la crambe de libitine
Oun tres bieillards, barbe hérissats,
Ses nat raport ny sabatine,
Hen lous proucés aus trepassats.

Touts l'aüen deja coundamnat
A demoura coum un damnat
Deguens la presoun oun habite
La pou, la praubére é la mort
Per amou, que pendent sa bite
Et auë toustem augut tort.

Aquet arrets s'anaüe da,
Minos coumeuçaüe à bada
Quan Beulièu, dispos de la lengue.
E ses besoui d'aute leçoun,
Héc de repenté sa harengue
E parlec d'aquete faiçoun.

« Presidens en darrê ressort
Qui cabats las regles deu sort
E dab las fabou de las hades
Quets an autrejat aquet dret
Legits lous feicts é las pensades
Deguens lou co lou mes estrét;

» Si d'autes cops, dab sous fredous,
E dab soun lut qu'ére ta dous
Coum sa cansoun mignard'é bére,
Orphée en serca sa mouilhé
Hec cage las dens á Cerbére
E las claus à boste jaulé;

» E si labets boste rigou
Lechec affaqui sa bigou,
Gran counseil doun pren sa mesure
La pene é lou soulatjeament
Per la pietat qui boun conjure
Retractats boste jutgeament.

» Lous qui soun aimats d'Apolloun
E qui de soun sacrat baloun
Beüen la liquou toute pure
A plan ana bouten faiçoun
E biüen toustem dab mesure
Per nou dementi so que soun.

» Bous, sçabets coum es bertat
Que tout jamés ma libertat
A bougat ses nadi malicie.
E bous aües trop boun lou sens
E trop sensere la justicie
Per coundamna lous innoucens.

» Si, per malhur, mon esperit,
De las Muses lou fabourit,
Sere cargat de cauque pourgue,
Plan ses lauat é ségoutit
En aquere bilene gourgue
Oun lou jour se mes amourtit. »

Quan l'augin ta plan rasoina,
Lous jutges tournen oupina,
E per sa noble gaillardise,
Lou digoun qu'anesse à lesé,
Deguens las campagnes d'Elisé,
Nada sur la ma deu plasé.

Per mostre d'un maje support,
Pluton lou baillec passeport,
Quan agoug signat la sentencie;
E despuch lou proucés boueitat,
Per nou l'aüé meillou tractat,
Lous esperits hen penitencie.

Cerbére, ses mes arraugea,
A l'entour lou bengoug couégea
E lou hec heste de merveilles;
Et libroment l'anec touca
E l'arrapec per las aureilles,
Coum un barbet qui bo cerca.

Are jou crei qu'en aquet loc
Beulieu s'en pourtara lou floc;
E debisant coume üe cardine,
Sera, per soun het esperit,
Lou pouête de Prouserpine
Ou l'histourien de soun marit.

Manuscr. de M. Daignan. — Biblioth. d'Auch.

DU BARTAS (Guillaume-Salluste.)

Trois Nymphes se disputent à qui aura l'honneur de saluer la reine de Navarre, lors de son entrée dans la ville de Nérac (1).

La Nymphe latine.

Sur les bords où le Tibre, mon père, précipite ses eaux dans la mer, je naquis fille de Rome, souveraine de l'univers qu'elle a vaincu. Je suis Nymphe latine, je te salue, illustre sœur, épouse et fille de roi.

La Nymphe française.

O Nymphe! oses-tu accueillir l'honneur du lis royal, d'une voix étrangère? Qui peut mieux te saluer qu'une Nymphe française?

La Nymphe gasconne.

Carot, Nymphe besie, et tu, Nymphe romane!
N'anes de tous grans mots ma princesse eichanta;
Nou ia ta gran lairoun qu'aquec que l'aunou pane.
Dessus l'autre jouqué, lou poul nou diu canta.

La Nymphe latine.

J'ai la fraîcheur des jeunes Nymphes et pourtant je les précède toutes de plusieurs siècles; les arts et les lois me servent de cortége.

La Nymphe française.

Avant le nom latin, le parler des bardes et des druides était connu en frère en Italie.

---

(1) Extrait de l'ouvrage de M. de Villeneuve Bargemont sur la ville de Nérac.

La Nymphe gasconne.

S'en man mous hils auen, lou temps passat tengude
La plume com' lou her, iou pouir' ampela;
Mes entr'ets denquio-ci, Pallas ses biste nude,
Car ets an més amat plan hé que plan parla.

La Nymphe latine.

Les Nymphes de la Gaule et de la Gascogne sont pour moi des Nymphes barbares. Ma voix est plus mélodieuse, mes mœurs plus douces, ma langue plus riche.

La Nymphe française.

Je te passe en faconde, en richesse, en douceur; Apollon et les Muses ont délaissé le latin pour moi.

La Nymphe gasconne.

Toute boste beoutat n'es are que pinture,
Que magues, qu'affiquets, que retourteils, que fard;
E ma beoutat n'a punt aute mai que nature;
La nature toustem es més belo que l'art.

La Nymphe latine.

Nymphe celtique, cédons à la Nymphe gasconne le droit de saluer la reine. Cette nation est querelleuse, tenace, et nous ne sommes point préparées à lutter contre elle.

La Nymphe française.

Ecoutons cette voix barbare, cédons-lui notre droit, le Gascon est têtu; il vient souvent des paroles aux mains.

La Nymphe gasconne.

I'eichio 'sta la forc'? Ounmès on s'arrasoue;
Més on bé qu'iou è dret de parla debant bous.
Jou soun Nymphe gascoue, er'es are gascoue;
Soun maril es gascoun é sous sutzets gascous.

Baïs', enfle toun cous; coumente-té més grane
Que lou Rhin, que lou Po, que l'Ebre, que la Tane :
Gloriouse, hé brouny toun gay per tout le moun!
Baïs', enfle toun cous; coumente-té més grane,
Push que ciamés lou Rhin, lou Po, l'Ebre, la Tane,
Nou bin sur lou gratté tau beutat que lou toun.

Creich, ô petit Nérac! Nérac, creich tas barralhes;
Leue tas tours au ceu; cinte de tas muralhes
Tout so que de plus bet cintet ciamés lou moun!
Clare halbe deu jour, bet escoune de grassie,
Huch léu, huch, bé mucha sur l'aute moun ta fassie!
Assiu ray' un lugran plus lusen que lou toun.

O merle! ô roussignol! ô meillengue! ô luneiche!
Courés deu bet casau que la Baïs' enpreiche,
Saludats d'un doux cant la plus bere deu moun,
O parc, cargue de frut tous arbres plus saubatges!
Per arcoulhi ta dam' acate tous ramatges!
Parc, nou se bic ciamés tant d'aunou que lou toun.

Tu sies la ben benhud', estele qui goubernes
Nostre macau batut d'auratg' é de subernes
E d'un espia courtés desencrumes lou moun.
Esprit tout angelic, la bère de las béres,
Moun cos, de cent hiuers é de cent primauéres
Nou pousque este pelat d'aute jun que deu toun.

Goué coume ta cugnad', au nou cla de nostre atge,
A ta bengud' a heit plus bet soun bet bisage,
En sembl' en t'aquista, conquista tout lou moun!
Goué coum' aqueste cour en airé, toute nade!
Goué coum' touto sa gens arrits à toun intrade,
Coum' lou pople soun gay maride dam lou toun!

Surtout, Goué toun marit, de qui l'aberte fassie,
La doussou, lou grand co, la mémorio, la grassie,
A cent cops meritat la couroune deu moun;
Goué, goué, coume de gay lou co li papaqueje!
Goué, coume per sadoura soun amourouse embeje,
Et a toustem hicat soun oueil dessus lou toun!

Diu sic toun gouarde cos : Diu de soun dit escriue
En papé de toun cos sa lei, qui toustem biue!
Pousque hé tas bertuts lusi pertout lou moun!
Lou laget deu grand Diu de ta teste s'absente!
Salh', au cap de nau més, un gauion de tou bente,
Qui sembl' au pay deu co, de la care sie toun!

Diu tengue toun marit abricat de sas ales!
Diu nou bate ciamés toun marit a de males!
Diu hasse toun marit le plus grand rei deu moun!
E puch que vostre pax es la pax de la France,
Diu bous tengue loung-tems en pasible amistance :
Cent ans sies-tu d'Henric; cent ans Henric sié toun !

GAUTIER.

Odo

EN FABOU DEL BI COSTO L'AIGO.

M'en bau parla de noste chay :
Adiu, Parnasso, per jamay.
Hypoucréno n'es qu'un ayéro,
Pegaso nou te serqui pas,
Aysso n'es pas uno matiéro
Oun toun roussi boute le nas.

Yeu parli de quicon de blous,
D'un beuratge miraculous,
De la licou que nous embriaygo,
Bréf, d'ambe touto libertat,
Susteni le bi countro l'aygo :
Qui de bous-aus m'y és de mitat?

Me semblo que jou n'éy pas tort
D'éstre del partit del plus fort;
Teni dounc per nostro barriquo,
Perço que sabi ço que ten :
Mes piqui per le que me piquo,
E sousteni qui me sousten.

Ça, coumencen per sa coulou,
Rare simbél de mouscailhou,
Gay bermilhou dount jou me fardi,
Bél ornomen de nostre cart,
Franc miral, ount quand me regardi,
Pla souben besi le mounart.

O bélo coulou de rubis,
Que toun bél lustre me rabis !
E que ta beutat me countento,
Quan sur la caro del besi
Besi la broudario lusento
D'un nas tintat en cramoisi !

Per tout, tu rabisses moun él,
En l'ayre, dins l'arquet del cél,
Sur le coural, dins l'Océano,
Al foc dessus les bius carbous,
En térro, dessus la milgrano,
Gindoulos, majaffos é flous.

May, Philis, n'es pas aco bél ?
De la bese sus toun poupél,
Sus tas gautos, sur ta bouqueto :
Chut, nou digan pas en loc may,
Sounque sul trauc de la cougeto
Qu'yeu rebisiti quan me play.

Parlen aro de so de bou,
De ço que me met en sabou,
Parlén de sa dousso substenço ;
E sense crento de degus,
Apelen-lo la subsistenço
De las gendarmos de Bacus.

N'y a que l'appélon moun tresor,
D'autres la joyo de moun cor,
Moun recours é moun esperanço,
E yeu quand n'éy jusquos al col
En hybér, moun bél calfo-panço,
En estiu, moun gran paro-sol.

E per ço que le mounde ten
Qu'une persouno que ne pren,
May ne beu, mai se fa robusto,
Yeu, de poou qu'en debéni flac,
N'embarry toutjour qualque justo
Dins l'armari de l'estoumac :

Tapauc nou soun melancoulic,
Ny grabelous, ny fleumatic,
Coums souben es un beu l'aygo,
D'estre estroupic, nou cresi res;
Car coussi serio jou ple d'aygo,
Que de ma bido noun é pres ?

Se nou foures estat le bi,
Aqueste monde aurio pres fi,
Car aprép aquel gran delutge
Que fec aquel fol elemen,
Noüé n'auguec d'autre refutge
Qu'à la licou de l'eyssirmen.

Tant qu'el besio l'aygo pertout,
Le boun home nou disio mout;
Mès taléu qu'auguec mes pé à térro,
Al bel prumié loc que se bic,
El s'en empleréc la picharro
Per coutrocarra l'enemic.

Les Dius que troboun bous les bis,
Quan Ganimédo les serbis,
Giton del beyre touto l'aygo,
E d'aqui cal creyre que ben
Que touto la térro s'asaygo,
E qu'on bey plaure ta souben.

Quand an chucat un pauc del blous,
Diable'l cap que nou sio jouyous,
E tout aquel brut de trouneyre
Que fa per tout tant d'espaben,
N'es que le cliquetis del beyre
Quan se saludon en beben.

May laissen-les esta lassus,
En aquelis grosses moussus:
Que begon, nou m'en douni brico,
E me pouyrion pissa sul nas,
Qué se soun prép de la barriquo
Diable sio, nou m'en souci pas.

Jou meni brut, jou parli gros,
Quan n'éy secoutut dins le cos
Miéjo doutzeno de sietados,
E plus fort que trento Cesars,
Me semblo que cent mousquetados
Me piquon mens que dous bigars.

Tabe, quan jou n'èy pas begut,
Jou nou sçaurio fa moun degut
Tant mas forços soun demingados.
Jou trambli de poou des boüissous,
Las bignos me semblon d'armados
E les bosques de batailhous.

O la joyo del mal-hurous !
Le countentomen de l'hurous !
O le delissi de la bido !
Binet, dins ta douço licou,
La femno biéilho perd la rido,
La jouëno la pallo coulou.

Quan jou te bezi dins le gru,
N'éyt é joun pregui Diu per tu ;
Perço que sabi que nou creisses,
Que per l'home ô le mouscailhou,
Car on noun douno pas as peisses,
Sounque dedins le corboüilhou.

O bi ! que tu me fas besoun
E que jou bouldrio cado joun,
Poude fa de tu la ruscado,
Per laba las tristos humous,
Fetge, rougnious, panja, courado,
Tripos, andoüilhos é palmous !

REQUÉSTO DE QUATRE PLAYDEJANS.

L'ORB.

Un paur'orb randut playdejayre
Cridabo, sense se trufa :
« Aujéts, Moussur le percuraire,
» Faséts-me beze moun affa. »

LE TORT.

Un tort del loc de Sant-Nauffary
Dissec, en tiran le berrét :
« Un mot, Moussur le coumissari,
» Pr'amor de Diu, fazets-me drét. »

LE BOUSSUT.

Un boussut n'abio jamay pauso
E disio d'un trét de fin gat :
« Perque jou é remetut ma cause,
» Aumens que jou siô descargat. »

LE CRESTAT.

Un crestat d'uno naturo aulo
Disiô à la court tout courroussat :
« Messius, Messius, uno paraulo :
» Faséts que jou siô rambourçat. »

LE JUTGE.

Le jutge bezen lour requésto,
En augin talis playdejans,
Les ramboüiéc, sense countésto,
Touts hors de cou té sans dépans.

LUCAS.

La Métamorphose en Escargols

DES HIGOURNAUX DABANT LAS MURALHOS DE LACTOURO

La neit del jour qu'un Diu finic nostro misero
La luno fournissio soun humido carriero,
Les homes al repaus fasion toutis la cour
Exceptat les boulours é les que fan l'amour.
Quand Calbin enratgeat de bese que Lactouro
Qu'éro sens es estat sa fidelo pastouro,
N'abio plus cap d'agnel nouirit de soun pousou
Dounec à Lucifer uno talo lissou.

« Escouto Lucifer, moun amic entre milo,
Jou senti dins moun co trop escalfa ma bilo,
Per soufri plus lounglemps que laïsse biüe en pats
Un nizal de Gascous countro jou mutinats;
Crei me, pusque toutjour cerqui toun abantatge,
L'infer debendra léu calque triste hermitatge
Se nou bos pas serbi mous efans é lous tius
Que Louis a pribat de tas counsoulacius,
Ajos hounto à la fi que per ta negligenço
Et les ajo oubligeats à faire penitenço,
A passa le careme amb'un fais d'espinars
Que naission per despeit aqueste mes de mars,
Per bengea noblement tant de berdos injuros
Qu'an fait seca sur pe cent mile creaturos,
Qu'afin de mon bei, boulion mangea lebraus;
Fai marcha prountomen presqu'autant d'Higounaus,
Mes puléu douno lour un bisatge terrible,
Glissote dins lour cor per le rendre inbincible,
Armos-les de flambeus alucats dins l'infer,
Fai trempa dins le Stix la punto de lour fer

Per mettre à foc à sang uno bilo rebelo
Que del tems de Montluc me demourec fidelo
E qu'ouéi ben de quitta mous anciens reglemens
Per segui d'un prelat les noubels sentimens.
Regarde d'auta len que toun eil pot s'estendre
Sur un escarpat difficile à susprendre
Un clouquié dount le cap semblo niarga le cel
E dount un sant pastou bei peisse soun troupel,
Aquos aqui l'endret oun ma troupo guerrièro
Deu fa senti le pes de ma justo coulèro.
Bai dounc per la counduize, elo t'atten exprés
Al founs d'un bel baloun qu'es aqui tout al prés. »

Calbin finic aici soun infernalo harengo
E Lucifer jouieus li pissec sur la lengo
Per le recoumpensa d'abe milhou parlat
Al proufilt de l'infer que tout autre damnat.
« Abalo, ça dissec, éternel camarado,
Tout un tret sabourous d'aquesto limounado,
Afin qu'un autre cop tu nou t'espargnes pas
A douna toun abis dins un semblable cas.
Mentretan, jan men bauc fa, ço que me counselhos;
Tas gens, aquesto neit, sauran brandi las pelhos
An aquelis Gascous que, dins tant d'occasius,
An mal interpretat tas bounos intencius.
Çà Belzebut, Bélial, Astarot, Asmourréo,
Que dançats ambe jou l'éternelo bourreo,
Angan d'aqueste pas aida les Higounaux
Per egourgea Lactouro à soun prumie repaus. »

Des abimes praufous de las hautos mountagnos
Que del pais Frances separan las Espagnos
Sourtigueren d'abord cent moustres infernals;
Toutis dins un moument, sense touca la terro,
Arribon al baloun per aluma la guerro,
Et dins le même tems milo é milo souldats
Marchon à la clartat des flambeus alucats.
Ah! nou serians plus, moun aimable Lactouro,
Se calque ange del cel dins aquelo mêmo houro,

Per l'amou soulomen de toun juste prelat,
D'un amas de malhurs nou t'abio delibrat.

Car, pendent qu'un cossoul, dins sa justos alarmos,
A touts les habitants fasio prenne las armos;
Que las hennos en plous dins lour gemissomen
De cent crics redoublats perçon le firmomen;
Que las unos sul lieit, en batten lour poitrino,
Sarron countro le se lour toustounet que nino;
Que d'autros, bentre à terro, en deplourant lour sort,
N'attenden que le cop que las diu mettre à mort;
Que cent mounges munits, les uns de scapuleros,
Qualques-us de courdous, les autres de rouseros,
Le crucifix en ma d'ambe grand' debouciu
Al pople repentent dounon l'absolutiu;
Qu'un d'entr'ellis surtout, fort sabent en milisso,
Almens nou pensets pas qu'aje dit en malisso,
Uarengo les souldats ambe l'ast al coustat,
La padene sul cap é soun froc retroussat;
Que certains capelas, cargarts d'argentario,
S'en ban cacha de poou dins uno ourangerio;
Qu'eis noubels counbertits tramblon d'este escourgeats
Abant qu'eis Higounaux les ajon proutegeats;
Qu'un gros ouperatur é soun pouriginelo,
Un paure Jean Farino ambe sa doumaiselo,
Cregnan de rendre enfin lour esprit charlatan
Per darré dount lour sort le plus fin orbietan;

Pendent tout aço dounc, l'angeo se preparabo
A prebeni le mal que Lactouro risquabo;
Aprés, el descendec de la bouto del cel,
D'un aire que nou pot exprima moun pincel;
Soun cos resplendissant d'uno clartat dibino
Semblabo estre coubert d'uno besto fort fino;
E coumpara la neges à sa grando blancou,
Es coumpara l'albastre embe un sac de carbou;
De cent bibes coulous sas alos bigarrados,
Pendent que las bastio, me pareissian daurados,

E les pels de soun cap eron talomen blous
Que le soureil n'es mens quan dardo sous raious,
Coumo lorsqu'en estiu de la celesto sphero
Semblo toumba sur nous qualque estelo lauzero,
Qu'en se precipitan quand le tems n'es pas crum
Laisso per soun cami de trainados de lum.
Atal tout luminous, o causo fort estrangeo !
En dissipan la neit fendio l'aire, aquel angeo,
Que nou se pausec pount que sul cal del clouquié,
Nou se fousso plantat coumo un pigeoun ramié ;
A qui tout animat d'uno boux de touneire
Qu'entendion soulomen les que le poudion beire.
Et recoumandec en mestre al troupel des demouns
De rentra bitomen dins lous antres praufouns,
Qu'autromen Sant Miquel per touto serenado
Loun béndrio de sa crouts douna la bastounado.
Aquel mot menassant fouc à peno entendut,
Que Satan s'entournec per oun ero bengut.

« Per bous, diguec l'angel, canailho insouensiblo
Que serets de l'infer la pailho incoumbustiblo,
Hérétiques maudits, infernals loup-garous
Que bouldriots deboura les agnelets Gascous,
Judasses furibouns, Higounaus maliciouses
Que trahissets Louis, quan bous bol rende hurouses,
Calbinistes ingrats, infames parpalhols,
Devenets prountomen autant d'escagarols
Qu'ets aqui de souldats que coumpousats l'armado,
Detja presto à mous els à doúna l'escalado,
A brula le bercail del grand Hugues de Bar
Et del sang cathaulic faire uno rougeo mar.
Atal dins pauc de tems, bostro prince d'Ourangeo
Sera cambiat en courgeo à la boux d'un arcangeo,
Per le fa repenti de sa basso ambiciu
Qu'a gitat un grand rei dins la désoulaciu. »
Nauget pas acabat que la guerriero troupo,
Que crezio fermomen d'abe le bent en poupo,
Fourec touto cambiado en cournards animals
Qu'encaro qu'ajon peno à traina lours oustals

En grimpan brabomen dessus qualque muralho
Semblon toujour déspei presenta la batalho,
O per dire milhou, boule douna l'assaut,
Coumo se lour instenct ero encaro Higounaut.

Del coustat del leban, déja la belo auroro
Arrousabo des plours le parterro de Floro,
Quan de mile dangérs Lactouro délibrat
Bol trouba l'enemi qué la tant efraiat.
Les cossouls, afublats de lour gran raubo rougeo,
Apres abe soufflat tout le bi de la cougeo,
Sourtion galhardomen countro les enemics
Dins la résolutiu de lous bailla cent pics,
Quan un gros païsan, augit coumo un ouracle,
Benguet fort à prepaus lour counta le miracle,
E per prouba milhou sa reelo bisiu,
D'un gran sac d'escargols moustrec la proubisiu.
D'abord, aqueis Cesars d'uno marcho gentilo
Menon les enemics prisouniers dins la bilo
Ount, per se pla bengea, cadun dins soun oustal
Les mangec d'ambe pebr', oli, binagr' é sal.

Manus. d'Aignan; Biblioth. d'Auch.

LAFFARGUE, curé de Crastes.

La Hesto dé Coundom.

Lon canoun a rounflat, et l'hurouso Baïso
Dé soun ancieno glorio aperseb yo laïso;
Soun seng a tressaillit et pounpégeat d'amour.
Ey douc tournat, ça dits, l'imatge dou bet jour
Oun la bictouèro enfin, après un grand carnadgé,
Dé mous hils indignats prouclamec lou couradgé.

Esbérido Gascougno! en parla dé Coundom
Qui léouo, enfin, lou cap et s'a créat un nom,
Tous poètos diran lou coumbat intrépidé
Qui, horo dé mous bords, cassec l'Anglés perfidé.

Pendent qué l'énémic drom débat sous laourès,
Flétrido dens sous bras et foulado à sous pès,
Mous maynadgés an bist et plourat ser mas larmes,
Et touts, grands et petits, an courrut à las armos.
Si dens lous flancs dou her dount n'èron pas munits,
Lou boulet ni lou ploum sé sount pas engloutits
End' engrécha dé morts moun herbo qu'an flétrido;
Sé la poudro atend pas la laïso rapido,
Dou sang dou Léopart lou sabré loung a sét,
Et la piquo guérrièro à l'élégant coursét
Brulo deguens sous flancs de laoua moun aoufenso.
Mous brabés an cridat : La mort ou la bengenço!
Lou cric és enténut, cadun s'armo aou hazard,
Et toutis dou coumbat grillon d'aoué lur part.

Dé l'amour dou païs la brabouro éy néchudo.
Lou puble és un lioun aouta léou qué remudo;
Mous hils, coumo un soul home et d'un couradge esgal,
Dé l'ataquo subito an baillat lou signal.

La campano a sounat, et lou cric de la guérro
Bolo dé tout coustat et ressemblo aou tounerro.
Dins l'âmo dous Anglés l'alarmo sé répend
Et Cadun, en désordé, à soun poste sé rend.
La LIBERTAT coumando, et la pique sé croutzo;
Lou her brillo et s'esmousso, et per tout lou sang doutzo.
La bictouèro chancèlo. Au nom dé Charlés Cinq,
Coundom, dé soun coustat, apèro lou destin.
L'Anglés, engouloupat dins sa roundo couyraço,
Oposo un mur dé her à la més noble audaço;
La daillo dé la mort bolo dé reng en reng;
Mais qué pot sa furou ser un générous seng?
Lou reng qu'èro esclarcis la balou lou remplaço;
La balou qui la brabo et la mesprèso en faço.
Lou jouc éy ségoutit; kaou qué caygeo brisat
Et dou sang dous Anglés justoment arrousat.

Pendent qué d'un coustat on coumbat, on s'illustro,
Lou resto dé mous hils qui per l'aouté sé mustro
Tout d'un cop a poussat d'espaouentablés crics,
Et lou brulant caillaou brounis sous énémics.
Lou sexe, en même temps, dou haout dé las frinestos,
A hèyt caygé d'aploumb la mort ser millo testos.
La derrouto començo et cour parmi lous rengs;
Coundom lous perséguis l'espaso dens lous rengs.
Lou carnadge és afrous, cruèlo éy la bictouèro;
Mais qui pouyré blama la mes santo coulèro?

Que dé brabés, hélas! soun cayjuts sou paouat!
An mourdut la poussièro endé la LIBERTAT!
Que dé mays an perdut l'objet dé lur tendresso,
Lur espouer counsoulant, lur bastoun dé biéillesso!
Que dé béou sos en dol! A dé ta bets laourès
An bist en un moument succéda lous cyprès!

Ah! mous chers hils, salut! Salut âmos guérrièros!
Pendent qu'accoumpagnats las célestos banièros,
Countemplats dé la haout bostés frays més hurous
Bengea sou fier Anglés boste sang générous!

Oui, mous hils èts bengeats! enténèts la bictouèro
Qui, la trumpeto en man, l'anounço à l'Angleterro.
Coundom éy barégeat! Souillados de lurs corps,
Mas ayguos lous an prés et nétégeat mous bords :
Lou resto, mort de poou, trop amic de la bito,
Daouant mous fiers lious la cerco dens la fuito.
Librés, lous Coundoumés célébren aquet jour
Qué la bictouèro enfin racountéc à la cour.
Charlés, récounéchent, amic de la brabouro,
En fabou de mous hils a décrétat ser l'auro
Qué touts, à pareil jour, auren lou noble drét
De cinta lur espaso et d'ana lou cap drét.
Quéroy bèro et superbo en aquet jour de hesto !

Mais las ouros enfin à la démarcho lesto,
Coundousidos pou temps ser la porto dou jour,
Dou soureil dé St-Pierre an sounat lou rétour.
La rousado qui cay sou seng dé la naturo
Et qui de milo houecs brillo ser la berduro.
La flou qui se daourèch à l'haléno dou bent;
Lous bets cabeils de blad qui courren douçoment
Coumo linsos en or agitats dens la plano
Et formon lou col d'aouque ou la pipo sultano ;
Lou parfum de la bigno escapat à sas flous
Et qui, pourtat pou bent, embaoumo lous coustous ;
Lou calmé d'un céou blu; la bergèro floucado,
Tout m'anounço, en un mot, la mès béro journado.

Dous brabés qui bersen tout lur sang en dé jou,
Petits hils, célébrats la glorio et moun aunou.
Lur couratge, en cassa l'énémic de la bilo,
Rendouc moun aygo puro et ma groto tranquilo.
Benguèts dounc, galoupats à l'entour de mous bords !
Dé mas hillos enfin segoundat lous transports ;
Las guirlandos dé flous aou bouch entrémaillados
Serpenton à traouès las tantos alignados.
En tout se dandina douçoment ser moun seng,
A l'oumbro dous drapeous qué carésso lou bent.

Mas barquos, en bada, per mas hilos poussados,
Bous proumenen à touts d'aymablos proumenados.
Mais déjà moun aoureillo entend lous chants guerriès
Succéda tour à tour aus counserts lous més gais.

Jouénesso aou dous mentoun, aou corps plen de souplesso,
Benguets ser aquet ma exerça bosto adrésso;
Lou camin sabounat éy glissant, arroundit;
Couradge! Aoujots pas poou! Deguens moun seng humit,
Se quaouqu'un dé bous aouts, chancélant, pirouéto,
Bous tournérey pourta ser la camiolo estréto.

Mais quin loung régiment aouanço en tourtégea?
Sount mous fidels canards que benguen boultigea
Dé néit coumo de jour ser moun aygo argentado;
Sount lous més, bou-lous d'aou; prenguèts-lous à la nado;
Glissats, ploungeats danb'ets, nadats, ploungeats encoué;
Enpougnats-lous pou cot, atrapats-lous pou pé.
Aou disi dous gourmans, un canard à la brocho
Es un boun mos; et ouéy célébran la balocho.

Mais déjà lou soureil a termenat soun cours!...
Qu'importo! milo houécs cinton mous alentours,
Et hen pali dou cèou las brillantos estélos;
La néit diou récula daouant tant de candélos!
Ma hesto duro encouè: Tout mous hils soun aci,
Touts sount amics, touts frays et librés de souci:
Et la damo brillanto, et la lesto griséto,
Ribalos dé plasés, fièros dé lur toilèto,
Et lou riche et lou praube, amassats à l'asard,
A l'esbérit roundéou bon prengue encouèro part.

Mas aygos, anats dire à ma so la Garono,
Qué m'ats bisto, en passa, sétudo sur moun trono,
Célébra lou grand jour oùn mous chers Coundoumés
Sé bagnen dens lou sang dous superbés Anglés.

Gran Diou! qu'enteni-jou? quino douço noubèlo?
Encouèro quauqués jours et sérèy immourtèlo!

Exitat per l'espouer dou laouré lou més dous
Qu'un amic d'ou sabé proumet à lurs cansous,
Que dé chantrés mé ban counsacra lurs beillados
Et réberdi l'aounou de mas bieillos annados !
Oui, gracios à tous souèns, ô générous amic !
Oui, d'un cruèl oubli, moun nom és à l'abric.
Que moun sort héré embégeo et que séri superbo,
Sé dignaouos labets bengué trepi moun herbo.

Jouenesso, dambe jou, d'un pas rapide é prount,
Rasats, en houlegea, mous tapis dé gasoun ;
L'aounou dé bosto may séra boste héritadgé.
Et bou aouts, qui parlats lou célesté lengadgé,
Poètos, célébrats moun noblé protectou
Et moun amour end'ét, immourtel coumajou.

Ensi dits la Baïso, et sous pas en cadanço
Célébron soun bounhur d'apartengue à la Franço.
Enfin, quan lou soureil a barégeat la néit,
S'aproche dé sous bords et glisso dens soun léit.

———

OLYMPE BENAZET

Fragment d'une Epître aux Clairaquais.

. . . .
An aquel pays qué mérito
Des bouyatjurs l'attentiou,
Bendrèy cad' an randré bisito
E paga, coumo un débitou,
Moun tribut d'admiratiou.
Y bendrèy, quand à la campagno
Les plazés, courounats dé flous,
Bous dounaran dé randé-bous,
E sur la lyro, ma coumpagno,
Né célébrarèy las douçous.
Mé joindrey à la boux célesto
Des amits qué, les jours dé festo,
Regalarets dé bostre bi,
E, per garanti ma paraoulo,
Serèy des prumièris à taoulo
E des darnlès à ne sourti.

Assistarèy al mariatgé
Qu'Adélaïde de Fajol
Diou fourma, ta léou qu'aoujo l'atgé,
Ambé Gustabo qué n'es fol.
Mé Beyrets ségui las dounzelos,
Riré, canta, dansa d'amb' ellos,
Las entriga jusqu'à la fi,
Coumo sé ténioy dé moun payre
Aoutant d'agradomens per playre
Qu'ellos n'an per sé fa chéri.

Félicitarèy las bergèros
Escampillados sul gazoun,
D'abé prés l'ayré, las manièros
De las grisettos del boun toun;

D'uni la gracio à l'innoucenço;
D'agi dambé may dé prudenço
Qué dé mountagnolles sans biays,
E d'estré, parmi las bourdièros,
Pus hurousos dins dé choumièros
Que las rèynos dins dé palays.

Les Olympiennes, p. 70.

ADIEUX AUX BELLES DE GIMONT.

Gimountoisos qué, sans fourtuno,
Troubayots dé partits brillants,
Per qu'abets pas l'âmo coumuno
Ni l'esprit gastat pés roumans;
Jusquos à ma dernièro annado
Bioürets toutjoun dins ma pensado;
E, coumo pouéto amourous,
Sé lé destèn mé fabouriso,
Moun cor sera per Louiso
E moun enthousiasme per bous.
Dins moun esprit bostres imatges
Soun grabats en lettros d'or;
Mé séguiran dins mous bouyatges,
Séran ma glorio, moun trésor.
Si jamay rancountri d'oubstacles,
Coumo d'infaillibles ouracles
Les consultarey al bésoun;
E, quand beyrey dé doumaysellos
Fourmados sur bostres moudellos,
Mé creyrey encaro à Gimont.

Id. p. 55.

A UN AMIC.

Bénèts dilus dinna ché you,
Bous régalarey d'un capou;
N'imitarey pas la counduito
D'un Toulousén qu'és un Judas;
Quand bous rancountro, bous embito;
Quand bous randèts, s'y trobo pas.

Id. p. 58.

J. LOUBET, IMPRIMEUR.

Les droits du Peuple.

La courouno éy dou Puple, et lou Puple a la terro.
Et préng réng après Diou, lou mêstre dé la guerro!...
Belléou la Franço, anfin, aoura la Libertat;
Tout un moundé la bo, l'attén éndimenchat!
Labéts y'âoute soureil âou Céou sé hèra bése,
Et nostes prumés ans tournéran s'ens'ac crése;
Lou riche et lou mésprêts, én bése la rasoun
Sourti dou co dou Puple, estugéran soun froun;
Labéts béyran flouri, grana, gounfla la fruto
Sense que l'espaouënt sourtisco dé sa tuto;
La campagno ésbérido émbrassera sas flous,
Et cantéra de joyo en bése sas sazous;
Labéts, lou puple, fier, s'ou cap de sa mountagno,
Amuchéra sous dréts âous oueils dé la campagno...
Sous dréts et soun drapeou!... Lou Puple a démandat.
A dit qué boy... Qu'âoura... — Nou l'as pas éscoutat
Tu, riche, qu'an caléo; ey pas més téns adaro,
Téng et sarro sous dréts... Et tu, s'ous tocos, garo!...

Lou puple éy générous, n'éy pas toutjours machan,
A touts sous énnémics que sarréra la man,
Perbu, praco, qu'en frays éts tabé qué l'ac sarren.
Dambé lou co dâoubreyt... et qué jamés l'ac barren
Labéts beyran pari coumo un âoute soureil
Lou soul drapéou dou Puple arrajat dé soun ouêil;
Aquet Drapèou ta pur dé hounto, sénse taco,
L'espaoüent dous machans....

Lous différens Atges dou Puple. n° IV.

LA VILLE D'AUCH.

L'aoujolo bilo d'Aouch, sur un arroc pounchouado,
Aous oueils dou bouyatjur eslambréjo, bracado :
Un ribérot, dit Gers, y mouillo un paouc sous pès,
Mais sur sa puo, âou cap, porto dus bêts clouquès;
Dou co dous bisiturs, tiron soupirs de joïo;
Touts ban beze aquet témple oùn bîou lou Diou dé glorio!
Un rampat d'escalés, pousterle batisat,
Espousso l'estrangé sur la plaço arribat
Oùn démando toutjours lou nom dou persounatge
Qué dins un marbre blanc bîou tout jouën à tout atge,..

A d'Etigny. Poème, p. 4.

FIN.

DICTIONNAIRE.

A

Ab, prép.—*ab ero*, avec elle. — d'*ab eris*, avec eux.

Abala, v. avaler; — *abalo, ça diset*, avale, dit-il.

Abali, v. s'évanouir, disparaître.

Abantatge, s. m. avantage, utilité.

Abarreja, v. mêler; — *e abarregi*, et je mêle.

Abarrejadis, s. m., mélange.

Abarrèjo, adv., ensemble.

Abate, v. abattre, tuer.

Abesqué, s. m. évêque.

Abessa, v. renverser. — *qué l'abessec*, il le renversa.

Abeura, v. abreuver;—*abeurats ma sequère*, abreuvez ma sécheresse.

Abilletat, s. f. habilleté, adresse, dextérité.

Abilla, v. habiller.

Abis, s. m. avis.

Abiza, v. regarder, aviser.

Abizat, ade, adj. avisé, ée.

Abrassa (s'), v. s'embrasser, se jeter dans les bras.

Abriou et abrieou, s. m. avril, quatrième mois de l'année.

Acaba, v. achever, terminer, finir.

Accacaigna (s'), se tordre.

Accoucourrouca, v. appeler les petits poussins.

Acet, acére, pron. dém. celui-là, celle-là, ce, cette.

Aci, adv. ici.

Aciu, adv. là-bas.

Aco, pron. démonst., et quelquefois ac, cela: — *nou ac dizi pas*, je ne dis pas cela.

Aco, pron. démonstr., ceci.

Acoumpagna, v. accompagner.

Acourda, v. accorder.

Adare, adv. maintenant.

Addarré, adv. derrière, à la suite.

Adoura, v. adorer.

Adourat, ade, adj. adoré, ée.

Afusta, v. être à l'affût; — *sus sous pots afustat*, sur ses lèvres collé.

Aghanit, ide, adj. exténué, ée.

Affresqui, v. rafraîchir.

Agasse, s. f. Pie.

Aglan, s. m. gland.

Agnère, s. f. jeune brebis.

Agnet, s. m. agneau.

Agrada, v. plaire, être agréable.

Agras, s. m. verjus.

Agrassine, s. f. groseille à gros grains.

Agre, adj. aigre.

Agrou, s. f. aigreur.

Agru, voy. GRU.
Agrue, s. f. grue, oiseau.
Aguioua, v. aiguillonner, rembourrer de coups.
Ahama, v. affamer.
Ahana, s'empresser, se hâter; — *qu'en canta de hila s'ahano*, qu'en chantant de filer avec ardeur s'empresse.
Ahastia, v. avoir de la répugnance.
Ahé, s. m. affaire.
Aherat, ade, adj. affairé, ée.
Ahisca, v. exciter, faire mettre en colère.
Ahumat, ade, adj. enfumé, ée.
Aigue et aygue, s. f. eau.
Aigué, s. m. aiguier.
Ainat, ade, s. et adj. aîné, ée.
Ajada et ajuda, v. aider; — *ajudats-me*, aidez-moi.
Ajayra (s'), v. enfanter; — *s'es ajaygude*, elle s'est accouchée.
Ajude, s. f. aide.
Ajulla (s'), v. s'agenouiller; — *quan bous ajullarats daouant l'auta*, quand vous vous agenouillerez devant l'autel.
Ajusta, v. ajouter.
Ajustié, s. m. pièce rapportée.
Alateja, v. battre des aîles.
Ale, s. f. aile.
Aleoujeri, v. alléger.
Alizat, ade, adj. bien luisant, bien peigné.
Aluga, et aluca, v. allumer, enflammer; — *ô lampaze toutjour alugade !* ô lampe toujours allumée; — *de flambeus alucats*, de flambeaux allumés.
Alama, v. allumer, enflammer; — *lou hoüec d'amou taut ag alame*, le feu d'amour enflamme tout.

Amarra, v. détremper des substances farineuses.
Amassa, v. amasser.
Amasse, adv. ensemble; — *hé amasse*, faire en commun, ou faire de moitié.
Amatiga, v. amoindrir.
Amea, et amia, v. amener, conduire; — *nous amiec*, il nous conduisit.
Amendri, v. diminuer, amoindrir.
Amistous, ze, adj. bienveillant, te, prévenant.
Amic, igue, s. et adj. ami, ie.
Amistat, s. f. amitié.
Amne, et quelquefois Arme, s. f. âme.
Amucha, v. montrer; — *amuchéra sous dréts*, il montrera ses droits.
Ana, v. aller; — *ses que las ane cerca*, sans que j'aille les chercher; — *un chac tout ac ba maneja*, un choc va le mettre sens dessus dessous; — *qui s'anec pene*, qui alla se pendre; — *é jou l'aniré beze*, et moi j'irai le voir; — *be*, va; — *be t'en*, vas-t-en; — *anem-y*, allons-y; — *angan d'aqueste pas*, allons de ce pas.
Ancos, s. f. les anches.
Aneit, voy. NEIT.
Anère, s. f. gros anneau.
Anet, s. m. anneau.
Anjou, s. m. ange; — *anjoulet*, petit ange; sorte de papillon.
Aouba, s. m. saule.
Aoue, adv. aujourd'hui.
Aoüeillo, s. f. brebis.
Aoufense, s. f. offense.
Aounou, s. m. honneur.
Aoueran, s. m. noisette.
Aouque, s. f. oie.
Aouriou, oue, adj. sauvage,

qui n'est pas apprivoisé.

Aoute, pron. et adj. autre.

Aparpachoua, v. donner soigneusement à manger aux enfants.

Aparia, v. appareiller, rendre égal.

Apastenga, v. faire paître.

Apatarra, v. rompre de coups.

Apera, v. appeler; — *nou m'aperes pas*, ne m'appelle pas.

Apercebe, v. apercevoir, remarquer.

Aprengue et Aprene, apprendre; — *jou èi apres*, j'ai appris; — *qu'éris an aprezes*, qu'ils ont apprises.

Apuntat, ade, adj. effilé, ée, aiguisé, terminé en pointe; — *nas apuntat*, nez effilé.

Appressa, v. approcher; — *jou m'appressi*, je m'approche.

Aquau, s. f. eau, marais.

Aquét, este et Aquére, pron. démons. celui-ci, celle-ci; — aquets, ceux-ci, aquéres, celles-ci.

Aquipatge, s. m. équipage, suite.

Aquiu, adv. là, dans cet endroit.

Arauli, v. engourdir, ternir.

Arbe, s. m. arbre; Arberet, petit arbre.

Arbiüa, v. aviver; — *oun la roujou s'arbiüe*, où la rougeur s'avive.

Arbiüat, ade, adj. avivé, ée.

Arcoeïle, v. accueillir.

Arcoulan, s. m. arc-en-ciel.

Ardit, s. m. liard, ainsi nommé de Philippe-le-Hardi, qui fit frapper cette petite monnaie.

Ardit, ide, adj. hardi, ie.

Ardou, s. m. ardeur.

Are, adv. maintenant, à présent.

Arma, v. armer; — *armen countre jou*, arment contre moi.

Armari, s. m. armoire.

Armotes et armoutetes, s. f. bouillie faite avec de la farine de maïs ou de mil.

Arpat, s. m. poignée; — *aquet harpat d'erbos*, cette poignée d'herbes.

Arque, s. f. arche.

Arquet, s. m. petit arc; — *arquet deou ceou*, arc-en-ciel.

Arrabise, s. f. rave.

Arramat, s. m. ramassis, petit fagot; — *un arramat de flous*, un grand bouquet de fleurs.

Arrame, s. f. branche d'arbre.

Arranquera, v. boiter.

Arrapa (s') v. se cramponner, se saisir.

Arrasin et arradin, s. m. raisin.

Arrat, s. m. rat, souris.

Arratat, ade, adj. endommagé par les rats; — *naz arratat*, nez marqué de petite vérole.

Arrebeilla, v. réveiller.

Arregausi. s. m. refrain.

Arreloige, s. m. horloge.

Arrenca, v. ébranler, arracher avec violence; — *Lous arrocs s'en arrencuren*, les rocs s'en ébranlèrent.

Arreng, s. m. rien.

Arreproué, s. m. proverbe, sentence.

Arres, s. m. personne; — *arres nou pot aoùe dit*, personne ne peut avoir dit.

Arretira (s'), v. se retirer; — *jou m'arretiri*, je me retire.

Arriba, v. arriver, approcher; — *qu'arribarats tart*, vous

arriverez tard; — *arribats aci,* approchez ici.

Arriga, v. arracher; — *arrigo aco* ou *arrig' aco,* arrache cela; — *qu'arrigui eres herbes,* j'arrache les herbes.

Arrigola (s'), v. se rassasier, se gorger.

Arrisent, te, adj. riant, te.

Arriu et arriou, s. m. ruisseau.

Arroc, s. m. roc, rocher.

Arroque, s. f. roche.

Arrose, s. f. rose.

Arroumpe, v. rompre; — *qu'aouen arroumput et barret,* nous avons donné le premier labour au guéret.

Arrounsa, v. augmenter, mettre, enfoncer; — *bous arrounsarats,* vous enfoncerez.

Arrous, se, adj. roux, sse.

Arrousa, v. arroser.

Arrousade, s. f. rosée.

Arrousega, v. traîner; — *qu'es soun arrousegats,* ils se sont battus.

Arroussin, s. m. roussin, petit poulain.

Arta et harta, v. se rassasier; — *que bous hartarei,* je vous rassasierai.

Artifici, s. m. artifice, ruse, déguisement.

Arruadet, te, adj. tapi, resserré.

Asaigua, v. arroser.

Ascla, v. fendre.

Asclo, gousse.

Ascole, s. f. école.

Aspes, se, adj. épais, aisse.

Assegura, v. assurer, tenir pour certain.

Assegurance, s. f. assurance.

Assista, v. être présent, assister, faire l'aumône; — *per qué nou m'assistariots pas,* pourquoi ne me feriez-vous pas l'aumône?

Asso et asséto, s. f. écheveau.

Ast, s. m. broche.

Astoffe, s. f. étoffe.

Atau, adv. ainsi; — *atau sie,* ainsi qu'il soit, ainsi soit-il.

Atge, s. m. âge.

Atrapa, v. attraper, saisir; — *Si attrapi,* si j'attrape.

Au, adv. où, à l'endroit où, vers; — *au cé,* vers le soir.

Aüanssa, v. avancer.

Aüansse, s. f. avance.

Auba, s. m. saule.

Aubarde, s. f. bastière.

Aubri, v. ouvrir; — *l'an aubért,* on lui a ouvert.

Audou, s. f. odeur.

Aucat, s. m. petit oison.

Aucide et Aucize, v. tuer; — *tu l'as aucit,* tu l'as tué.

Audet, s. m. et Auderet, voy. auzet.

Aüe, v. act. et v. auxil. avoir; — *més jou éi,* mais j'ai; — *Clytere l'aueüe charmat,* Clytère l'avait charmé; — *més qu'agen,* pourvu qu'ils aient; — *qu'en ajei,* que j'en aie; — *qu'éi so qu'an?* quelle chose ont-ils? — *que l'an augut,* ils l'ont eu.

Aüeja (s'), v. s'ennuyer.

Aüejadis, s. m. état continuel d'ennui.

Aüejé s. m. ennui.

Aufici, s. m. office.

Augi, v. ouïr, entendre écouter; — *degus nou'm augis,* personne ne m'écoute; — *n'auges pas tu, Miquéu?* N'entends-tu pas, Michel?

Aujo, s. m. aïeul; Aujoulet, diminutif, bon petit-aïeul.

Aujole et aujoulete, s. f. aïeule.

Aule, adj. vide, qui ne produit pas.

Aumens, adv. au moins.
Aunou, s. m. honneur.
Auranglete, s. f. hirondelle.
Auratge, s. m. orage.
Aure, s. f. souffle.
Aureillo, s. f. oreille.
Aurinau, s. m. vase de nuit.
Auta, s. m. autel.
Auta, conj. aussi; — *auta plan*, aussi bien.
Aute, pron. et adj. autre.
Autru, s. m. autrui.
Auzet, s. m. oiseau.
Auzeret, petit oiseau.
Aychére, s. f. aisselle.
Aze et Azou, s. m. âne.
Azet, petit âne.

B

Baccade, s. f. troupeau de vaches.
Bach, che, adj. bas, basse.
Bachère, s. f. vaisselle.
Bada, v. ouvrir la bouche.
Badail et Badaillo, s. m. bâillement.
Badailla, v. bâiller.
Badaire, s. m. badaud.
Badi, s. m. badin, plaisant; il signifie fat, pris en mauvaise part.
Baganau, aude, adj. frivole, de peu de sens.
Bague, s m. loisir; — *qu'em bague*, j'ai du loisir; — *que bous baguaue*, vous aviez du loisir.
Baign, s. m. bain.
Bailla, v. donner, prêter;— *un baillat lou signat*, ont donné le signal.
Baillet, s, m. valet, domestique.
Baisa, v. baiser, embrasser.
Bale, s. m. ballot.

Bale, v. valoir; — *arreng que baille*, rien qui vaille.
Balent, te, adj. vaillant, te.
Balentize, s. f. vaillantise, action courageuse.
Baloche, s. f. fête locale.
Baloun, s. m. vallon.
Ballo, enveloppe du grain quand il est dans l'épi.
Banère, s. f. sorte de petite cruche que l'on porte à la main.
Banitat, s. f. vanité.
Banne, s. f. grande cruche que l'on porte sur la tête.
Banta,, v. vanter.
Bantairiol, s. m. vantard.
Barat, s. m. fossé, tranchée.
Barata et barateja, v. tromper.
Baratayre, adj. trompeur.
Barbejat, ade, adj. rempli de barbes, petits filets qui sortent de l'épi.
Barbegelat, ade, adj. barbe gelée.
Bargua, v. briser le chanvre ou le lin.
Bargues, s. f. machine à briser le lin.
Barra, v. fermer; — *m'an héit barra lous oüeils*, ils m'ont fait fermer les yeux.
Barreja, v. voy. ABARREJA.
Barres, s. m. jeu de course dans certaines limites.
Barri, s. m. faubourg.
Barrieu, s. m. petit baril dont la capacité est de 90 litres.
Barrot, s. m. bâton, échelon.
Base, s. f. vase, bourbe.
Batan, s. m. foulon.
Batana, v. fouler, frapper, forger.
Bate, v. battre, frapper, dépiquer; — *me bat l'aureille*, me

frappe l'oreille; — *qu'aoüen batut et blat*, nous avons dépiqué le blé; — *et tout batut*, fête que les moissonneurs célèbrent après avoir dépiqué et vanné le grain; — *pendent que las bastio*, pendant qu'il les battait.

Batedis, s. m. panaris, sorte de tumeur qui vient aux doigts.

Baoüs, ouse, adj. baveur, euse.

Baze, s. m. vase, coupe.

Be, adv. bien; — *at bezi be*, je le vois bien.

Bebo, s. f. ver à soie.

Bécut (cédé), s. m. poischiche.

Bede, voy. Beze.

Bedet et betet, s. m. veau.

Beilla, v. veiller.

Beléu et beleou, adv. peut-être.

Ben, s. m. bien, propriété.

Benarric, s. m. ortolan.

Bence, v. vaincre.

Benci, v. transir, être saisi de peur.

Bene, v. vendre; —*que benec*, il vendit.

Benadi et benazi, v. bénir; — *pan benazit*, pain béni.

Bengea, v. venger.

Bengenço, s. f. vengeance.

Bengue et béni, v. venir; — *se benguerats*, viendrez-vous?

Bengude, s. f. venue.

Benin, s. m. venin.

Benimous, adj venimeux

Bent, s. m. vent.

Benta, v. venter; — *quin que sie et bent que bente*; quel que soit le vent qui souffle.

Bente, s. m. ventre; —*bente lis*, ventre plat.

Beoüe, v. boire; —*après aüe begut*, après avoir bu; — *beou l'aygo*, buveur d'eau.

Beoüct, s. m. ivrogne.

Beouatge, s. f. breuvage.

Bequet, s. m. petite pointe.

Berbau, s. m. procès-verbal.

Berdoulat, s. m. bruant jaune (mâle), oiseau.

Berdoun, s. m. verdier, oiseau.

Bergougne, s. f. honte.

Bergougnous, se, adj. honteux, euse.

Berot, ote, adj. joli, jolie.

Bers, s. m. vers; —*en aquestis bèrs*, dans ces vers.

Bergé, s. m. verger.

Bérges, s. f. vierge.

Berret et Berrète, s. m. et f. Berret, sorte de coiffure ronde en laine foulée.

Bersa, v. verser; — *dous brabés qué bersen*, des braves qui versèrent.

Bert, de, adj. vert, te.

Bertadère, adj. rempli de vérité.

Bertat, s. f. vérité.

Besoun, s. m. besoin.

Bertut, s. f. vertu.

Besoüy, s. m. besoin, nécessité.

Bessoue, s. f. jumelle.

Bessoun, s. m. jumeau.

Besc, s. m. glu.

Besto, s. m. veste.

Bestia et bestiaret, s. m. bétail.

Besti, v. vêtir, se revêtir, s'habiller; — *é me bestichi touto d'or*, é je me revêts toute d'or.

Bestit, ide, part. de *besti*, revêtu, ue.

Bet, ére, adj. beau, belle.

Beyre, s. m. verre.

Beze et bede, v. voir; — *jou bezi*, je vois; — *quan be so de haut*, quand il voit le haut; —*jou bei que*, je vois que; — *l'aute quan beje*, l'autre, quand il verra; — *nous beiram*, nous verrons; — *bejats*, voyez; — *quan bi*, quand je vis; — *qu'om nou beira james*, qu'on ne verra jamais; — *nous bim*, nous vîmes; — *me beyrets*, vous me verrez.

Beziat, ade, adj. douillet, mignard.

Bezin, ie, adj. voisin, ine.

Bezinatge, s. f. voisinage.

Biâhore, s. m. alarme, vacarme.

Biarda, v. fuir, faire disparaître.

Biasse, s. f. besace.

Biatge, s. m. charge, voyage que font les charretiers.

Biay, s. m. biais.

Bici, s. m. vice.

Bictorie, s. f. victoire.

Biel, elle, adj. vieux, vieille.

Bigar, s. m. taon.

Bigne, s. f. vigne.

Bigou, s. m. vigueur.

Bil, le, adj. vil, vile.

Bile, s. f. ville.

Bilen, ne, adj. vilain, ne.

Bille, s. f. bile, sorte d'humeur âcre.

Bin et bi, s. m. vin.

Binagre, s. m. vinaigre.

Bint, adj. num. vingt; — *quatebints*, quatre-vingt.

Bioulence, s. f. violence.

Bioulent, te, adj. violent, te, colérique.

Birouleja, v. bouleverser, être étourdi.

Biste, s. f. vue.

Bira, v. tourner, écarter; — *birats-bous*, écartez-vous.

Bite, s. f. vie; — *dam mé ero praube bitougno*, assistez-moi pour soutenir ma pauvre petite vie.

Biü, Biüe, adj. vif, vive.

Biüe, v. vivre; — *que bisques en santat*, que tu vives en (bonne) santé; — *que biou tout jouën*, qui vit toujours jeune; — *bioure ls toujours*, vous vivrez toujours.

Biulou, s. m. violon.

Biulounaire, s. m. ménétrier.

Bladero, adj. qui produit du blé.

Blanc, que, adj. blanc, che.

Blassa, v. blesser; — *bous blassaüen*, ils vous blessaient.

Blau, s. m. contusion.

Blemi, v. pâlir, blémir; — *se blemiran*, pâliront.

Bles, se, adj. bègue.

Blous, se, adj. pur, sans mélange.

Blu, ue, s. m. et adj. bleu, couleur bleue.

Bogue, s. f. vogue.

Bole, s. f. boule.

Boule et boli, v. vouloir; — *jou boli*, je veux (dial. toul.); — *jou boi*, je veux; — *si iou bouleüi*, si je voulais; — *que boüi*, je veux; — *si boulets*, si vous voulez; — *quan tu n'ou'm bos da*, quand tu ne veux pas me donner.

Borde, s. f. métairie.

Borni, adj. et s. borgne.

Bosc, s. m. bois; — *un bosc de casses*, un bois de chênes, — *es bosques*, les bois.

Boste, pron. posses. et adj. vôtre.

Boua, et bua, v. souffler.

Bouch, s. m. buis.

Bouco et bouquo, bouche; — *bouqueto*, petite bouche.

Bouda, v. vouer, faire des vœux.

Boüe, s. f. vessie.

Boué, s. m. laboureur, louvier.

Boüeit, eide, adj. vide.
Bouëmio, s. bande de bohémiens.
Boueou, s. m. bœuf.
Bouharot, adj. boursoufflé.
Boula, et Bola, v. voler; — *que bolen al cel*, qui volent au ciel.
Boulateja, v. voler çà et là.
Boulop, s. m.; — *à bet boulop*, à pleine volée.
Boulugue, s. f. étincelle.
Boulur, ure, s. et adj. voleur, euse.
Boun, ne, adj. bon, bonne.
Bounet, éte, s. m. et f. bonnet, sorte de casquette sans visière.
Bourdalaigue, s. m. pourprier, sorte de plante potagère.
Bourdéte, s. f. petite métairie, maison de campagne.
Bourgés, s. m. bourgeois.
Bourgéso, s. f. bourgeoise.
Bourrasado, s. f. ondée, pluie passagère.
Bourrasse, s. f. lange.
Bourri, v. bouillir.
Bourrit, ide, part. de *bourri*, bouilli, ie.
Bourrou, s. m. Bourgeon de vigne.
Bourouil, s. m. verrou, flocon de laine ou de coton.
Bourouilla, v. verrouiller.
Bourrut, ude, adj. bourru, ue.
Bous, pluriel du pron. *tu*, vous.
Bousse, s. f. bourse.
Boussi et Bouci, s. m. morceau; — *aquet bouci d'oustau*, ce (mauvais) morceau de maison.
Boussoun et buissoun (dial. toul.), s. m. bouchon.
Bouta, v. mettre, placer; — *jou boutari per orde*, je placerais par ordre; — *l'amour boutéc en sas tabléles*, l'amour mit sur ses tablettes.
Boutade, s. f. volonté capricieuse.
Boute, s. f. voûte.
Boutja, v. bouger; — *qui james nou boutge*, qui jamais ne bouge.
Bouts et bux, s. m. voix.
Bouyatjur, ure, adj. voyageur, euse.
Brabe, adj. brave, sage.
Braccat, ade, adj. perché.
Bragario, s. f. vêtement.
Bram, s. m. cri, beuglement.
Brama, v. crier, beugler.
Branda et brandra, v. branler, qui n'est pas d'aplomb.
Branque, s. f. branche; — *ué branquete*, une petite branche.
Braou, s. m. jeune taureau.
Brassat, ade, adj. brassée.
Braudié, s. m. baudrier.
Braze, s. f. braize.
Bréb, brébe, adj. bref, brève.
Brega, v. frotter le linge mouillé, laver la vaisselle; — *brega lou pairo*, écurer le chaudron.
Bremba, v. se souvenir, se rappeler; — *quan me brembi*, quand je me souviens.
Bren, s. m. son.
Brequere, s. f. brèche faite sur un instrument tranchant.
Brés, s. m. berceau.
Brespade, s. f. après-midi.
Brespail, s. m. goûter.
Brezenc, s. m. chenille.
Bricail, aille, s. m. et f. morceau, miette.
Bristoulat, ade, adj. rôti, basané, rissolé.

Broc, s. m. bruyére; — *broc-blanc*, aubépine.

Brouca, v. tricoter.

Broucas, s. m. landes de bruyères.

Brouent, te, adj. retentissant, te.

Broumo, s. f. brume, brouillard.

Brounc, s. m. nœud que laisse la naissance d'une branche sur le tronc.

Brouni, et brounzi, v. tonner, retentir, tinter.

Brota, v. mettre des boutons, fleurir.

Brug et bruguet, s. m. cep, sorte de champignon.

Brusq, que, adj. vif, brusque.

Brut, s. m. bruit.

Budet, s. m. boyau.

Büe, s. f. étincelle, petit charbon allumé.

Bugade, s. f. lessive.

Burre, s. m. beurre.

Buta, v. se cogner, buter.

C

Caba, v. fouiller, creuser; — *qui cabats las reglos deu sort*, qui fouillez dans les arrêts de la destinée.

Cabe, v. contenir; — *aco n'ou y a pas cabut*, cela n'a pu y contenir.

Cabeil, s. m. épi.

Cabeilla, v. montrer l'épi.

Cabeja, v. tourner la tête.

Cabiroun, s. m. chevron.

Cabosso, s. m. grosse tête.

Cabucha, v. incliner la tête.

Cabessau, s. m. torchon, essuie-main.

Cachau, s. m. grosse dent, dent molaire.

Cadée, s. f. chaîne.

Cadiére, s. f. chaise.

Cage et cayge, v. tomber; — *n'éi pas cajut*, il n'est pas tombé; — *l'un cay*, l'un tombe.

Cagne, s. f. chienne, paresse.

Cague-sang, s. m. flux sanguin.

Caiguére, s. f. flux de ventre.

Cailhado, s. f. lait caillé.

Caillaou, s. m. caillou, pierre.

Cal et qual, qualle, adj. pron. quel, quelle.

Cala et cara, v. se taire; — *mai cale-te*, mais, tais-toi; — *caratz-bous*, taisez-vous.

Calamero, s. f. chalumeau.

Calandre, s. f. calandre, grosse alouette de passage, qui a autour de la tête une couronne de plumes blanches.

Caleil, s. m. lampe à plusieurs becs, qui se suspend à un clou et que l'on place sous le manteau de la cheminée.

Calfa, v. voy. caouha.

Caliol, ole, adj. roux, celui qui a les cheveux de diverses nuances.

Callo, s. f. caille; — callat, petite caille.

Callissado, s. f. contenu d'un calice, d'un verre ou d'une coupe.

Calitat, s. f. qualité, perfection.

Calle, v. falloir; — *que cau*, il faut; — *caldrió*, il faudrait. — *quan caléo*, quand il fallait.

Calou, s. f. chaleur.

Cambailloun, s. m. jambon.

Cambia, v. changer; — *que tu cambiés d'amou*, que tu changes d'amour.

Came, s. f. jambe; — *came-croc*, cagneux, bancroche.

Camiàu, s. m. entrave que l'on met aux pieds des chevaux; gros bâton qui sert à suspendre les bêtes tuées dans un abattoir.

Camin, s. m. chemin.

Camina, v. cheminer, faire du chemin.

Camiole, s. f. sentier.

Camise, s. f. chemise.

Camp, s. m. champ.

Campet, petit champ.

Campane, s. f. cloche.

Campaneto, petite cloche.

Camparo, s. m. champignon.

Can, s. m. chien;—*can raujous*, chien enragé.

Canau, s. f. gouttière, long tuyau qui sert à distribuer l'eau.

Cande, adj. brillant, propre.

Candele, s. f. chandelle.

Candelé, s. m. chandelier;—*nostre dame d'éro Candélero*, notre dame de la Chandeleur; la Purification.

Canet, s. m. petit tuyau fait avec des fragments de roseau.

Cannet, s. m. chanvre.

Cant, s. m. chant.

Canta, v. chanter.

Cantaire, s. m. chanteur.

Cantoun, s. m. coin, canton.

Caouha, v. chauffer.

Caout, de, adj. chaud, de.

Cap, précédé des prép. *a* et *de*, signifie vers : *à cap bat*, vers le bas; *à cap sus*, vers le haut; *de caps eris*, vers eux.

Cap, s. m. tête, extrémité, bout;—*suoúi cap det banc*, je suis au bout du banc;—*at cap det clouqué*, à la pointe du clocher.

Capera, v. couvrir;—*plan caperado*, bien recouverte.

Caperan, s. m. prêtre, chapelain.

Capo, s. f. manteau à capuchon.

Capoun et Capou, s. m. chapon.

Cattibié, s. m. misérable.

Car et cart, s. f. viande.

Cara, voy. cala.

Carabira, v. chavirer.

Carbouéro, s. f. charbonnière.

Carboun, s. m. charbon.

Carbounéu, s. m. chardonneret.

Card et cart, s. m. quart.

Cardine, s. f. femelle du chardonneret.

Care, s. f. joue.

Carga, v. charger, accabler; — *la cargue de doulou*, elle l'accable de douleurs.

Carestie, s. f. cherté.

Carestious, ouse, adj. celui ou celle qui vend chèrement.

Cargue, s. f. charge.

Carné, s. m. charnier.

Cargnié, ére, adj. carnassier, ère.

Carrejaire, s. m. portefaix.

Carrére, s. f. rue.

Carrete, s. f. char.

Carreté, s. m. charretier.

Carsalade, s. f. chair salée, petit lard.

Carte, s. f. estampe, carte.

Cascou, s. m. casque.

Cassa, v. chasser, aller à la chasse; — *me cassarem*, ils me chasseront; — *cassats de moun esperit*, chassez de mon esprit.

Cassat, ade, part. de cassa, chassé, ée.

Casse, s. m. chêne.

Cassou et cassadou, s. m. chasseur.

Castagne, s. f. châtaigne.

Castet, s. m. château.

Catcha, v. mâcher.
Catsat, ade, adj. soigneux, rangé.
Caucoum, voy. quaoucoun.
Caudé, s. m. chaudron.
Caulet, s. m. chou.
Caumas, s. m. chaleur accablante.
Caus, s. m. pied; — at caus d'un tepé, au pied d'une colline.
Cauze, s. f. chose.
Cauzéne et caudio, s. f. chaux.
Cauzi, v. choisir.
Cauzit, ide, part. de cauzi, choisi, ie.
Cazau, s. m. jardin.
Caze, s f. maison.
Cebe, s. f. oignon.
Cede et ceze, s. m. pois.
Cementéri, s. m. cimetière.
Cene, s. f. cendre.
Cerbet, s. m. cerveau.
Cerbi, s. m. cerf.
Cerca, v. chercher; — que se cerque, qu'il se cherche.
Cereng, s. m. serein, doux, calme;—fraîcheur du soir.
Cesque, s. f. glaïeul.
Céu, s. m. ciel.
Ceussita, v. vaquer à ses affaires.
Chac, s. m. choc.
Chaï, s. m. chai, grande salle où l'on met les tonneaux et les cuves remplis de vendange.
Chapa, v. manger.
Chapel et chapélo, s. m. chapeau.
Charma, v. charmer, plaire.
Chibaou, s. m. cheval.
Chioula, v. siffler.
Chiscle, éclat de bois.
Cho, s. m. chœur.
Chot, s. m. chouette.
Chuc, s. m suc.

Chuca, v. sucer;—et chuque d'ab plaze, il suce avec plaisir.
Ciseou, s. f. ciseau.
Cinta, v. ceindre.
Cinte, s. f. ceinture.
Ciüaze, s. f. avoine.
Cla, are, adj. clair, éclatant.
Clarin, s. m. flageolet.
Clau, s. f. clé.
Claü, s. m. clou.
Claüera, v. clouer.
Clede, s. f. claie.
Clouqué, s. m. clocher.
Cloutet, petit trou;—en cloutet de l'aureille, dans le tuyau de l'oreille.
Clot, s. m. trou, fosse, tombe;—au tour deu clot, autour de la fosse.
Co et cor, s. m. cœur.
Coho, s. f. coiffe.
Coille, v. cueillir.
Coli, v. observer, pratiquer; — depush que jou coli sa hèste, depuis que j'observe sa fête.
Congrea, v. assembler.
Consistori, s. m. consistoire.
Cop, s. m. coup; — un cop, une fois;—touts lous cops, toutes les fois.
Corboüilhon, s. m. courtbouillon.
Cos, s. m. corps.
Coussouls, s. m. consuls, magistrats des cités municipales dans les villes du midi; dans celles du nord on les désignait sous le nom d'échevins.
Cot et col, s. m. cou, gorge.
Coua, v. couver;—coue-nidé, le dernier éclos de la couvée.
Couade, s. f. nichée.
Couba, v. désirer.
Coublo, s. f. couplet.
Couchado. s. f. couchée.
Coudoun, s. m. coing.
Coudougnat, s. m. confiture.

Coüe, s. f. queue.
Coüé, s. m. cuir.
Coüêche et coysse, s. f. cuisse.
Coüegea, v. remuer la queue.
Coüeyte, s. f. petite queue.
Cougeo, citrouille, par métaphore couget et cougete désignent la tête.
Couha, v. coiffer.
Coula, v. couler, répandre.
Coula, s. m. alose.
Coulectou, s. m. collecteur, percepteur.
Coulet, s. m, collet, petit manteau.
Coulou, s. m. couleur.
Couloûme, et couloumet, s. m. et f. colombe;—*couloumette,* colombine.
Coum, adv. comme, comment; — *coum cau,* comme il faut.
Coumbo, s. f. vallée.
Coumbida, et cobida, v.
Coumbit. ide, part. de coumbida, invité, ée.
Coumete, v. commettre.
Coumo, s. f. petit vallon.
Coumpai, s. m. compère.
Coumpaignoulet, s. m. petit compagnon. Cette expression est ordinairement prise ironiquement.
Coumpaignoun, s. m. compagnon.
Coumpouza, v. composer;— *jou coumpouzari,* je composerais.
Councebe, v. concevoir, mettre au monde.
Councerta, v. concerter, faire de la musique, donner des concerts.
Counda, v. compter, raconter.
Counde, s. m. compte, certaine quantité de gerbes;— *nou hé pas counde de jou,* il ne fait aucun cas de ma personne.
Coundouzi, v. conduire.
Countrari, s. m. contraire.
Coupa, v. couper, fendre; — *l'arroc se coupe,* le roc se fend.
Coupie, s. f. copie.
Courau, s. m. la partie incorruptible du bois de chêne, cœur de chêne;— *gascoun courau,* gascon pur-sang.
Courado, s. f. poumon.
Courbas, s. m. corbeau.
Couré, s. m. clerc d'église, enfant de chœur.
Cournard, s. m. qui porte des cornes; — celui qui est trompé par sa femme.
Courné, s. m. coin du feu, foyer.
Courre, v. courir.
Coussatge, s. m. corsage.
Coutet, s. m. couteau.
Coutoun, s. m. coton.
Couzin et couzie, s. m. et f. cousin, cousine.
Couzine, s. f. cuisine.
Crabe, s. f. chèvre.
Crambe, s. f. chambre.
Crede et creze, v. croire; — *n'at crezeoui pas,* je ne le croyais pas.
Crestat, ade, adj. châtré.
Crouhossi, s. f. creux.
Croumpa, v. acheter.
Croumpe, s. f. achat.
Croustère, s. f. sorte de gâteaux;—plaie qui se cicatrise.
Crum et crumadére, s. m. et f. nuage.
Cubert, te, participe de
Cubri, couvrir.
Cuing, s. m. coin.
Cullié, s. m. cuillière.
Cura, v. creuser,

Curat, ade, part. de cura, ceux, euse; — *bente curat,* ventre creux.

Cure, s. f. soin; —*que lou céu prene la cure,* que le ciel en ait soin.

D

Da et douna (dialec. toul.) v. — *que dau,* je donne; — *me daüen,* me donnaient; — *jou nou'ts dari,* je ne vous donnerais; — *qu'éts doungue,* qu'ils donnent; — *qui se daran,* qui se donneront; — *que m'aoüets dat?* Qu'est-ce que vous m'avez donné?

Dail et daillo, s. m. faux.

Dailla, v. faucher.

Dantsa, v. danser.

Dantsaire et dantsairi, s. m. danseur, celui qui aime à s'amuser.

Darré, prép. derrière; — *en darré loc,* en dernier lieu.

Daüant, prép. devant.

Daune, s. f. dame, maîtresse.

Daurat, ade, adj. doré, dorée.

Debana, v. dévider.

Debara, v. descendre.

Debarrade, s. f. descente.

Debat, adv. dessous; —*aciu debat,* dessous là-bas.

Debina, v. deviner.

Debourra, v. dévorer.

Deboutioun, s. f. dévotion.

De coste, adv. à-côté.

Dedins, adv. dedans.

Deguens, prép. dans.

Degun, une, adj. aucun, nul.

Deigna, v. daigner; —*qui deignec cauzi,* qui daigna choisir.

Déléu, adv. peut-être.

Deli, v. digérer.

Demoura, v. rester, demeurer; — *que demourec,* il resta.

Dentse, s. f. dent.

Dequié, prép. vers; —*dequié nous arribado,* vers nous arrivée; — *dequiés en là,* depuis ce temps, passé ce temps.

Desbremba, v. oublier.

Descargua, v. décharger.

Descerni, v. discerner, remarquer.

Descriüe, v. décrire.

Descourda, v. enlever les cordes, délasser.

Descroubi, v. découvrir; — *jou descroubiri,* je découvris; — *bous ci descroubert,* je vous ai découvert.

Deshé, v. défaire, détendre; — *un castet deshéit,* un château tombant en ruines.

Desoundra, v. enlever l'honneur, endommager.

Desounoura, v. déshonorer, endommager; — *lou mautems la desaunourat,* le mauvais temps l'a endommagé.

Despei, conj. depuis que.

Despeit, s. m. dépit.

Desplazé, s. m. déplaisir.

Desplaze, v. déplaire.

Desplega, v. déployer, étaler.

Desque, s. f. corbeille.

Desquilla, v. renverser, abattre des quilles.

Destin, s. m. destin, destinée.

Destinta, v. déteindre.

Destroussa, détrousser; — *destrousse hame,* trompe la faim.

Déts, adj. num. dix.

Deoüe, s. m. devoir, obligation.

Deüe et diüe, v. devoir; —*so*

qui'm es degut, ce qui m'est dû;—*et lous diu,* il les doit;— *qui diüen,* ils doivent.

Deüte, s. m. dette.

Dezabuza, v. désabuser; — *jou dezabuzari,* je désabuserais.

Dezarriga, v. déraciner, arracher.

Dézenau, adj. num. dixneuf.

Dezeoüeit, adj. num. dixhuit.

Diber, se, adj. divers, se.

Dibersitat, s. m. variété, diversité.

Diberti (se), se divertir.

Dicta, v. montrer, enseigner; — *que sa mai la dictat,* que sa mère lui a appris.

Die, s. m. jour.

Diezi, s. m. dièze.

Dijaus et dichaus, s. m. jeudi.

Dilus, s. m. lundi.

Dimars, s. m. mardi.

Dimécres, s. m. mercredi.

Dimenge, s. m. dimanche.

Dinna, v. dîner;— *et que digne,* il dîne.

Dinγé, s. m. denier.

Disapte et dichapte, s. m. samedi.

Diüendre, s. m. vendredi.

Do, s. m. deuil, regret.

Dominé, s. m. régent d'école.

Douelo, s. f. douve.

Doulent, te, adj. méchant, te.

Douman, adv. demain.

Doumayselle, s. f. demoiselle.

Dounzello, s. f. demoiselle d'honneur.

Dous, se, adj. tranquille.

Doussou, s. m. douceur.

Douts, s. f. source.

Doutza, v. couler.

Douzil, s. m. fausset, petite broche qu'on met à un tonneau percé.

Dret, s. m. droit.

Dret, te, adj. droit, debout.

Drôle, adj. plaisant, drôle.

Drollé et drollo, s. m. et f. jeune garçon, jeune fille.

Droumi, v. dormir; — *pendent que l'énémic drom debat sous laourés,* pendant que l'ennemi dort sous ses lauriers; — *droumiüen,* ils dormaient.

Dus, adj. num. deux.

E

E, conjonct. et.

Echaruscle, s. m. la foudre qui tombe.

Eggùe, s. f. jument.

Efan, s. m. enfant.

Eichut, te, adj. sec, sèche.

El, voyez OUEIL.

Embarra, v. enfermer.

Embege, s. f. envie.

Embejous, ouse, adj. envieux, euse.

Embagua (s'), v. folâtrer, prendre du loisir.

Embesca, v. engluer, empêtrer, enchaîner;—*quan embesqués ma libertat,* quand tu enchaînais ma liberté; — *qu'un dous printems embesque de beutat,* qu'un doux printemps embellit de beauté.

Embia, v. envoyer; — *que Diu nous embie,* que Dieu nous envoie.

Emblanqui, v. blanchir, reblanchir.

Embrouma, v. se couvrir de brouillard.

Embriayga, v. énivrer.

Empacha, v. empêcher.

Empara, v. reposer, soutenir; — *emparats-me*, soutenez-moi.

Empasta, v. empâter, humecter;—*si trobe tout d'un cop de nectar empastat*, s'y trouve à la fois de nectar humecté.

Empeuta, v. enter.

Emplega, v. employer.

Emplegat, s. m. employé, fonctionnaire.

Empregna, v. féconder, rendre mère.

Empudenti, v. salir, tacher.

Encara, v. engraisser; au figuré mettre des joues.

Enceis, s m. encens.

Enclabadure, s. f. clavelée.

Enclaüera, v. enclouer.

Encluzi, s. f. enclume.

Encloutat, ade, adj. en forme de creux.

Encouëre, adv. encore.

Endubia, v. deviner.

Encruma, v. se couvrir de nuages.

Endura, v. souffrir, endurer.

Engabia, v. mettre en cage, empêtrer.

Engana, v. tromper.

Engouga, v. engorger.

Engranière, s. f. balais.

Enlà, adv. loin.

Enquoüé, adv. encore.

Entan, conj. pendant que.

Ente, prép. pour que.

Entene, v. entendre; —*entenets*, entendez-vous.

Entra, v. entrer.

Entroaca, v. entrelacer.

Entuta, v. mettre dans un trou, enterrer.

Erbillouu, s. m. petit gazon.

Ermous, se, adj. désert, te.

Esbalousi (s'), v. s'évanouir.

Esbate (s'), v. s'ébattre.

Esberit, ide, adj. éveillé, joyeux.

Esblasi, v. faner, évanouir, affaiblir.

E-blinça (s') disparaître.

Esbrassa, v. couper les bras, ébrancher.

Escagarol, s. m. escargot.

Escai ou escay, s. m. restes de marchandises, échantillons de choix; — *qui 'm croumpe aquet escay*, qui est-ce qui m'achète ce restant? — *Un escay de perletes*, un choix de petites perles.

Escaige, v. tomber, arriver.

E-caloun, s. m. échelon, marche de l'escalier.

Escampilla v. éparpiller, se répandre dans les champs.

Escana, v. égorger.

Escapa, v. échapper, glisser; *lou pairo l'escapec*, le chaudron lui glissa.

Escarni, v. contrefaire, imiter. Ce verbe se prend en bonne et mauvaise part;—*lou rouchinol escarnich l'eschiulet*, le rossignol imite le flageolet.

Escarabéillat, ade, adj. eveillé, ée.

Escarta, v. écarter.

Escauha, v. échauffer, tenir chaudement.

Escauhurat, ade, adj. échauffé, échauffée.

Eschame, s. m. essaim.

Eschorce (s'), v. s'efforcer.

Eschiula, v. siffler.

Eschiulet, s. m. sifflet, flageolet.

Eschorda, v. ennuyer, bourdonner; — *lous eschames qu'eschorden*, les essaims bourdonnent.

Esclaüatge, s. m. esclavage.

Esclipsi, s. m. éclipse.

Esclop, s. m. sabot.

Escode, v. démanger, cuire; —*trop grata qu'éscots*, trop grater cuit.

Escoune, v. obscurcir, cacher.
Escounut, s. m obscurité.
Escourja, v. écorcher.
Escriüe, v. écrire.
Escu, s. m. obscurité.
Escut, s. m. écu.
Escuza, v. excuser.
Esdentat, ade, édenté, ée.
Eslamarade, s. f. flamme d'un grand feu.
Eslambreja, luire, rayonner.
Esmapa, v. écraser.
Espabent, s. m. épouvante.
Esparica, v. renverser.
Esparti, v. répandre, dilater; — *toun co s'espartis*, ton cœur se dilate.
Espaüenta, v. épouvanter.
Espera, v. espérer.
Espereca, v. déchirer, mettre en lambeau.
Esperit, s. m. esprit.
Esperituel, elle, adj. spirituel, elle.
Espeta, dechirer, s'accrocher.
Espia, v. épier, regarder.
Espic, s. m. lavandre.
Espin, s. m. aubépine.
Espine, s. f. — *la'spine*, l'épine.
Espitau, s. m. hôpital.
Esplandi, v. éclore, épanouir, répandre, étendre.
Esplandit, ide, part. d'esplandi, éclos, éclose.
Espleit, s. m. exploit.
Espoussa, v. essouffler.
Espragna, v. épargner.
Espunta, v. épointer.
Esquer, s. f. gauche.
Esqueroun, s. m. noix.
Esquiau s. m. échine.
Esquiril, s. m. clochette.

Esquiro, s. m. écureuil.
Esquissa, v. user; — *s'esquisson la raube*, elles s'usent la robe.
Estaca, v. attacher.
Estanca, v. arrêter, dessécher; — *Bezes tu coum l'arriu s'estanque*, vois-tu comme le ruisseau se dessèche?
Estat, s. m. état; — *hé estat*, faire état (ou estimer).
Este, v. aux. être; —*bous éts*, vous êtes; —*jou soüi estat*, j'ai été; — *aco sié prou*, que ce soit assez; —*que soun gran amic ere mort*, que son grand ami était mort; —*so qui s'ey passat*, ce qui s'est passé; *mès jou ei*, mais j'ai; —*que fouc*, qui fut; —*que seratz*, vous serez; — *jou seri rey*, si j'étais roi.
Estelat, adj. étoilé.
Estene, étendre.
Estenilla (s') v. s'étendre.
Estiu, s. m. été.
Estiouandé, s. m. moissonneur.
Estira (s'), v. s'étirer.
Estouffa, v. étouffer, comprimer; *lou mau tems estouffec lou couratge*, le mauvais temps comprima le courage.
Estouna, v. étonner.
Estournec, s. m. étourneau.
Estrangoula, v. étrangler; — *la hame l'estrangole*, la faim l'étrangle.
Estrem, adv. au hasard, de tout côté.
Estret, te, adj. étroit, te.
Estroupa, v. envelopper.
Estroupia, v. estropier.
Estroupic, s. m. hydropique.
Estuja, v. mettre à l'abri, serrer, faire disparaître.
Eternitat, s. m. éternité.

F

Fabou, s. f. faveur.
Facié, s. f. face, figure.
Fadeja, v. faire le gentil, badiner, faire la cour.
Fadesse, s. f. imbécillité.
Fais, s. m. faix, fardeau.
Faissoun, s. f. façon; — *faissous*, manières.
Failli, v. défaillir, tomber en faiblesse; — *lou men co fail*, mon cœur défaille.
Fanit, ide, adj. fané, ée.
Farlabiqua, v. falsifier.
Faus, se, adj. faux, fausse.
Fé, s. f. foi.
Fetje, s. m. foie.
Ferrat, s. m. seau.
Fierrous, se, adj. orgueilleux, fier.
Flaqua, v. manquer.
Flascou, s. m. grosse bouteille revêtue d'un treillis de joncs ou d'osier.
Flisquet, s. m. loquet.
Floc, s. m. bouquet.
Flou, s. f. fleur; — *flous*, au piquet, désigne les trèfles.
Flouca, s. mettre des fleurs sur ces habits.
Flouretes, s. f. petites fleurs.
Flouri, v. fleurir; *que flouricheouen*, qui fleurissait.
Fourni, v. fournir; — *que fournichen*, qui fournissent.
Forse, adv. beaucoup.
Fourrou, s. m. sergent, agent de police.
Fray, s. m. frère.
Frebe, s f. fièvre.
Fredou, s. f. froideur.
Fredou, s. m. refrain, murmure de l'eau; — *aus fredous de l'arriu*, au murmure du ruisseau.
Fresc, sque, adj. frais, che.
Fresquement, abv. fraichement.
Fret, s. m. froid; il est pris adject.; — *uë neit frede*, une nuit froide.
Frineste, s. f. fenêtre; — Frinestoun, petite fenêtre.
Fringaire, s. m damoiseau, jeune homme qui fait la cour.
Frut et frute, s. m. et f. fruit.
Fuze, s. f. fugue, terme de musique.

G

Gabachou, s. m. terme injurieux par lequel les Espagnols et les habitans du midi de la France désignent les étrangers.
Gabié, s. f. cage.
Gadau, adj. agréable.
Gaha, v. se disputer, prendre, saisir.
Gai, s. f. gaîté.
Gaigna, v. gagner.
Ganille, s. f. mets, provision.
Garbe, s. f. gerbe.
Garbisse, s. m. sorte d'ajonc.
Gargante, s. f. gorge.
Garie, s. f. poule.
Garni, garnir, remplir. — *nous garniran lou chai de moust*, nous remplirons notre chaix de vendange.
Garrabot, s. m. petit fagot.
Garrot, s. m. baton.
Garroutière, s. f. jarretière.
Gat, s. m. chat;—gate, s. f. chatte.
Gauch, gauche, adj. gauche.
Goüt, s. m. gosier.
Gaute, s. f. joue;—gautettes, petites joues.
Gauza, v. oser; — *gauzaüi*,

j'o sais.

Gay, s. m. geai.

Gay. s. m. gaité.

Gayresc, que, adj. agréable, réjouissant.

Geine, s. f. gêne, pénurie.

Gelade, s. f. gelée blanche, glace.

Gemech, s. m. gémissement.

Genec, que, adj. qui engendre.

Gentiu, ue, adj. beau, gentil.

Gipoun, s. m. jupon; — gipouet, petit jupon, et par métaphore estomach.

Gié, s. m. janvier.

Gieure, s. m. givre.

Gindoulos, s. f. variété de cerises un peu acides.

Gleiza, v. aller continuellement à l'église.

Gleize, s. f. église.

Goï, s. f. joie.

Gorge, s. f. bouche, gosier.

Gouarda, v. garder.

Goüant, s. m. gant.

Gouaire, adv. guère.

Gouari, v. guérir.

Gouarre, ère, adj. cagneux.

Gouasta et gasta, gâter.

Gouazaigna, v. gagner.

Gouge, s. f. servante, chambrière, cuisinière.

Gouha, v. tremper, faire enfler; se dit des légumes secs que l'on fait tremper dans de l'eau chaude avant de les faire cuire.

Goujat, s. m. garçon; — goujate, s. f. jeune fille.

Gourgue, s. f. gouffre, tournant d'eau.

Gourrir, v. courir çà et là, errer; —*jou gourrichi coum' un saubatge*, j'erre comme un sauvage. Ce verbe doit son origine au mot gourret ou gourrin, petit cochon qui fait entendre un certain cri en courant.

Gouteja, v. répandre goutte à goutte, distiller.

Goutet et goutete, s. m. et f. petite goutte.

Grabelous, se, graveleux, sujet à la gravelle.

Graé, s. m. grenier.

Gran, s. m. grain.

Gran, ane, adj. grand, ande.

Grana, v grainer, produire des graines.

Granache, s. f. grenade.

Grandou, s. f. grandeur.

Grane, s. f. graine.

Grapaut, s. m. crapaud.

Grase, et graze, v. plaire.

Grat, s. m. gré; — *aoue grat*, savoir gré.

Gratuilha, v. chatouiller

Graüa et graba, v. graver.

Grazi, v. tolérer, avoir tout permi.

Greoü, oüe, adj. pesant, dur.

Gril, s. m. grillon.

Gru et grue, s. m. et f. grain de raisin.

Gruote, s. f. petit grain.

Guéit, s. m. guet, ronde, garde nocturne.

Guéita et goüaita, v. faire le guet, épier, garder; —*lous pastous goüaiten lou troupet*, les bergers gardent le troupeau.

Guit et guitoum, s. m. canard.

Guite, cane.

H

Hade, s. f. fée.

Hame, s. f. faim.

Hangue, s. f. boue.

Harde, s. f. linge.

Harle, s. f. mite, vers qui ronge les vêtements de laine.

Harpas, s. f. dépouille, épave;— *giten touts harpas*, rejettent toutes les dépouilles.

Harta, v. rassasier.

Haout, te, adj. haut, te.

Haste, s. f. hâte.

Haüe, s. f. fève..

Haure, s. m. forgeron.

Haurillot, s. m. petit forgeron, dans un sens ironique.

Hazedou, s. m. faiseur.

Hé, v. faire,—*tu hés*, tu fais;— *so que harats*, ce que vous ferez; — *que jou hari beze*, ce que je ferais voir; — *que hé?* que faire? — *si lous qui hen*, si ceux qui font;—*qui n'on james heit*, qui n'ont jamais fait; — *é que hassem so que jou hei*, et qu'ils fassent ce que j'ai fait; — *oun lous lairous heüen lou guéit*, où les voleurs faisaient le guet;—*lou jour houc hét desplazent*, le jour devint déplaisant;— *si nou housse pas mort*, s'il ne fût pas mort;—*l'y haran boune héste*, lui feront bonne fête;—*dou céou sé héra bése*, au ciel se fera voir.

Hemne, s. f. femme.

Henailla, v. fendiller, fendre, gercer.

Hene, v. fendre; — *moun co se hen dé doulou*, mon cœur se fend de douleur.

Heouré et heuré, s. m. février.

Hergne, s. f. action d'être hargneux.

Her, s m. fer.

Herra, v. ferrer.

Heri, v. hérisser; — *teste herit*, tête hérissée.

Heste, s. f. fête.

Hica, v mettre.

Hieu et hiu, s. m. fil.

Higounau, s. m. huguenot.

Higue, s. f. figue; — *hè la higue*, faire la figue à quelqu'un, le mépriser.

Hil, s. m. fils; hille, s. f. fille, enfant.

Hila, v. filer;— *be hille*, bien file; *que hillén*, qu'ils filent.

Hillet, té, et hilluc, s. m. et f. petit enfant, fillette.

Hiorle, s. f.;—*bère-hiorle*, à la file l'un de l'autre.

Hioüer, s. m. hiver.

Hisa (se), se fier; — *nou 't hises*, ne te fie point.

Hissoua, v. provoquer, exciter, taquiner.

Hissoun, s. m. dard des bêtes venimeuses.

Hitge, s. m. v. fetje.

Hol, s m. fou.

Hore, adv. dehors; — *hore de loc*, hors lieu.

Horgue, s. f. forge.

Horeniza, v. agoniser.

Hort, te, adj. fort, te.

Houèc, s. m. feu.

Houëïlho, s. f. feuille.

Houëillado, s. f. feuillée.

Houèt, s. m. fouet.

Houle, s. f. pot.

Houleja, v. faire des folies.

Hounil et hounille, s. m. et f. entonnoir.

Hounilla, v. fouiller.

Houlet, s. m. follet;—*houèc houlet*, feu follet.

Houlie, s. f. folie.

Houme, s. f. ormeau.

Hounau, s. f. gouttière.

Houne, v. fondre; — *taut moun argent se houn*, tout mon argent se fond (s'en va).

Hount, s. f. fontaine; — *hountéte*, petite fontaine.

Hour, s. m. four.

Houra, v. fouler.

Hourmatge, s. m. fromage.

Honrmic et hourmigue, s. m. et f. fourmi.
Hournade, s. f. fournée.
Hournet, s. m. fourneau.
Hourque, s. f. fourche.
Houroune, s. f. fronde.
Hugi, v. fuir; — *hugetz*, fuyez.
Hum et humade, s. m. et f. fumée.
Huma, v. fumer.
Huroutge, v. adj. farouche.
Hûte, s. f. hâte; — *s'in cour à hûte*, il court en hâte.
Huzet, s. m. fuseau.

I

Ierle, s. f. île.
Ifer, ihér et infer, s. m. enfer.
Incounegut, ude, adj. inconnu, ue.
Irange, s. m. orange.
Iuer et hioüer, s. m. hiver.

J

Jasens, adj. gisant.
Jelous, ouse, adj. jaloux, se.
Jelouzie, s. f. jalousie.
Jergoun, s. m. jargon.
Jeita et jeta; — *oun jou jéti*, où je jette.
Joc, s. m. jeu.
Jou, pron. pers. moi.
Jouan, s. m. Jean.
Jouänillet, s. m. Petit-Jean.
Jouën, ne, adj. jeune.
Jouga, v. jouer.
Jouguet, s. m. jouet; — *qu'en hen lou jouguet*, on en fait le jouet.
Jouqué, s. m. perchoir.
Journau, s. m. certaine mesure de terrain qu'une paire de bœufs peut labourer en un jour.
Journade, s. f. journée.
Jouyeou, s. m. joyeau, bijou.
Jouzep, s. m. Joseph.
Junc, s. m. jonc.
Juncade, s. f. jonchée.
Jutja, v. juger.
Jutge, s. m. juge.
Juziu, s. m. juif.

L

La, art; — il est pris comme adj. démonst., comme dans l'exemple suivant; — *per segui la qui'u dezespère*, pour suivre celle qui le désespère.
Labéts, adv. alors.
Lacai, s. m. laquais.
Laget, s. m. fléau.
Laira, v. aboyer.
Lairoun, s. m. voleur.
Laïsso, s. f. reste.
Lamarado, voy. eslamarado.
Lambre, lambrieu et lambret, s. m. éclair.
Lampaze, s. f. lampe.
Landra, v. s'amuser, se divertir.
Landré, s. m. chenet.
Larga et alargua, v. lâcher le troupeau dans le pâturage.
Lassus, adv. là haut.
Laugé et lauze, ère, adj. léger, ère.
Laura, v. labourer.
Lauré, s. m. laurier.
Lauza, v. louer: — *lauzat sit méu*, loué soit le miel.
Lauzer, s. m. lézard.
Lebraut, s. m. lièvre.
Lebré, s. m. chien levrier.
Leca, v. lécher.
Lech, ge, adj. laid, de.
Letgan, s. m. licou.
Legi, v. lire; — *si nous le-*

giüen, s'ils nous lisaient.

Légue, s. f. lieue.

Léi, s. m. respiration.

Lei et ley, s. f. loi.

Lembreja, v. jeter des éclairs, répandre une vive clarté.

Len, voy. loüi.

Lermeja, v. larmoyer, pleurer, répandre des larmes.

Lescha, v. laisser; —*nou leschets pas à l'abandoun*, ne laissez pas à l'abandon.

Lessoun et lissou, s. f. leçon.

Leüa et leoüa, v. lever; —*qui leüaue*, qui levait.

Leüant, s. m. levant.

Leze, s. m. loisir.

Lezene, s. f. aleine.

Libe, s. m. livre.

Licou, s. f. liqueur.

Lièit, s. m. lit.

Ligno, s. m. ligneul.

Lignoulade, s. f. lignée, postérité.

Limac, s. m. limasse.

Limbre et limbret, s. m. éclair.

Linso, s. m. linceuil, drap de lit.

Lioun, s. m. lion.

Liri, s. m. lys.

Liriande, s. m. Léandre.

Lis, lize, adj. lisse.

Loc, s. m. lieu.

Loctenent, s. m. lieutenant.

Lou, art. m. s., la f. s. le, la; —lous, m. pl., las, f. pl. les.

Loube et Loubet, s. f. et m. lucarne.

Louauré, s. m. laboureur.

Lour, pron. pers. leur.

Loüi, adv. loin.

Loung, ue, adj. long, ue.

Loyau, adj. loyal, fidèle; —*en loyau esté*, en étant fidèle.

Lucane, s. f. lucarne.

Lüe, s. f. lune.

Lüé, s. m. et lüere s. f. lunatique.

Lum, s. m. lumière, lampe allumée.

Lustre, s. f. huître.

Lut, s. m. luth.

Luts et lux, s. f. lumière.

Luzent, ente, adj. luisant, te.

Luzi, v. luire.

M

Machant, te, adj. méchant, te.

Madesch, voy. medesch.

Madu, adj. mûr.

Magagne, s. f. dispute, discorde.

Mage, adj. grand.

Magre, s. m. maigre.

Mai, s. f. mère.

Mainade, s. f. petite fille.

Mainadère, s. f. groupe d'enfants.

Mainat, s. m. enfant, jeune garçon.

Mainatgére, s. f. ménagère.

Mainatjarie, s. f. enfantillage.

Majafos, s. f. fraises.

Majou, s. m. majeur.

Majourane, s. f. marjolaine.

Malau, ze et aute, adj. malade.

Male, adj. mauvaise.—*male-hame*, mauvaise faim (male faim); on dit en français mourir de male-mort.

Maleüa, v. emprunter, se prend aussi en mauvaise part et signifie emprunter frauduleusement, escroquer.

Maleüa, ade, part. de maleüa, emprunté, ée.

Malicious, ouse, adj. malicieux.

Malur, s. m. malheur, accident.

Malurous, ouse, adj. malheureux, euse.

Man et ma, s. f.;—*m'en bau tengue mas duê mas*, je vais tenir mes deux mains.

Manarroure, s. m. mauvais drôle.

Manat, s. m. manant;—poignée de; ce qui peut contenir dans la main; — *un manat de flous*, une poignée de fleurs.

Manda, v. envoyer.

Mandil, s. m. petit vêtement des nouveaux-nés; — *at-tire mandil*, tiraillé en tout sens.

Mandros, s. f. plante odoriférante, à fleur rouge, variété de géranium.

Manegue, certaine partie de la charrue.

Maneja, v. manier, tripoter, bouleverser.

Mangouné, s. f. page.

Mantengue, v. maintenir.

Mar et ma, s. f. mer.

Marcesq, que, adj. martial, ale.

Marfandi, v. morfondre.

Margras, s. m. mardi-gras.

Marhére, s. f. marraine.

Marida, v. marier.

Marme, s. m. marbre.

Marme, s. m. fraîcheur.

Marmur, s. m. murmure.

Marmura, v. murmurer.

Marrou, s. m. bélier.

Martet, s. m. marteau.

Mastrize, s. f. maîtrise, pouvoir.

Mau, s. m. mal.

Mautems, s. m. mauvais temps.

May, s. m. mât entouré de fleurs et de verdure, que l'on plante devant les portes des personnes que l'on veut fêter.

Mayad, ade, adj. parsemé de fleurs et de verdure.

Mayno, s. f. demeure, manoir, village.

Mec, que, adj. bègue.

Medesch et medisch, che, pron. même;—*à medisch tems*, en même temps.

Mei, s. m. milieu.

Mei, mege, adj. demi, ie;—*mege cane*, demi-canne; —*hé à meges*, faire de moitié.

Méit, s. m. pétrin.

Mello, s. f. amande.

Men et moun, sing. m. ma sing. f.; mes et mous plur. m.; mas, plur. f. adj. poss. et pron. mon, ma, mes.

Men, s. m. mien, mie; s. f. mienne.

Menla, v. mêler; — *qui se menlara*, qui se mêlera.

Mentete, s. f. menthe.

Mentre, conj. tandis que.

Mentretan, adv. pendant ce temps.

Mequeja, v. bégayer.

Menut, ude, adj. menu; — *plazes menuts*, menus plaisirs, plaisirs de l'amour.

Mercat, ade, adj. marqué, ée, gravé; — *mercade* : on désignait sous ce nom les petites pièces de dix centimes, en bronze argenté, portant l'initiale N (Napoléon), surmonté d'une couronne, et retirées de la circulation depuis 1847.

Mercat et marcat, marché.

Merce, récompense, merci; — *mile merces*, mille remerciments.

Mér-de-her, s. m. machefer, scorie qui sort du fer lorsqu'on le forge; sorte de terrain crayeux fort dur et impropre à la culture.

Merita, v. mériter; — *so que*

meritaue, ce qu'il méritait; — *que sas flous mériten*, que ses fleurs méritent.

Merre, adv. pur, sans mélange.

Mes, s. m. mois.

Mès, conj. mais.

Més, adv. plus.

Mescouda, v. tromper, mécompter.

Mesléu, adv. plutôt.

Mesple, s. f. nèfle.

Mespréts, s. m. mépris.

Meste et mestre, s. m. maître.

Mesturo, s. f. sorte de pain fait avec de la farine de blé, de sègle ou de maïs.

Méu, s. f. miel.

Meuce et melce, s. f. rate.

Mezol, s. m. moëlle.

Mieügrane, s. f. migraine.

Mieüis, adv. mieux.

Mignam, s. m. le manger.

Mile, adj. num. mille.

Milgrane, s. f. grenade.

Milhou, meillou, miellou, adv. meilleur; — *per milhou*, pour mieux.

Millaet.

Minga et menja, v. manger; — *mintja ciuaze, coumpai*, mange de l'avoine, compère.

Mique, s. f. mie de pain.

Miquéu, s. m. Michel; — *miquéle*, Michele.

Mirail, s. m. miroir.

Mirailla (se), se mirer.

Miraillo, s. m. linot.

Mirgailladure, s. f. émail; — *la mirgailladure* de mille couleurs, l'émail de mille couleurs.

Misaillo, s. f. mésange.

Mistéri, s. m. mystère; — *tant de béts mistéris à masse*, autant de beaux mystères (réunis) ensemble.

Mitane, s. f. mitaine.

Mitat, ade, adv. moitié.

Morga, v. amorcer.

Mos, s. m. bouchée.

Mouilé, s. f. femme mariée.

Moüilla, v. mouiller.

Moullié et moulinié, s. m. meunier.

Moun, s. m. monde.

Mounge, s. m. moine.

Mounard, s. m. singe, enfant grimacier; — *beze lou mounard*, voir trouble quand on a trop bu.

Mourache, s. f. fauvette à tête noire.

Mouri, v. mourir; — *nou mouriscut l'annade passade*, ne mourut-il pas l'an passé ?

Moundi (bers); — *lengue moundine*; la langue moundine est le dialecte toulousain, ainsi appelée des partisans de la famille des Raymond, comtes de Toulouse, qui s'obstinaient à parler la langue romane proscrite au XIIIe siècle par les conquérants du nord; *la langue Raymondine* ou par contraction *mundine*, a brillé du plus grand éclat par les poésies de Goudelin qui a même intitulé ses œuvres *Lou Ramelet Moundi*; c'est à M. le docteur Noulet que nous devons cette curieuse étymologie, qu'il a expliquée dans une savante dissertation. (*Mémoires de l'Acad. des inscript. et belles-lettres de Toulouse*).

Mounta, v. monter, être monté sur un cheval; — *qu'éi bien mountat*, il est bien monté.

Mouyén, s. m. moyen.

Muda, v. changer, muer.

Mudance, s. f. changement.

Mul, s. m. mulet.

Murtre, ére, meurtrier, ère.

Mus, s. m. museau, hure; —

hé mau mous, faire mauvaise mine.

Muscha et mustra, v. montrer, enseigner; —*m'y muschen*, m'y montrent; —*é nou mustren*, et ne montrent; —*ente'u mustra lou sei*, pour lui montrer le sein.

Moussaroun, s. m. mousseron, petit champignon qui croît sur la mousse.

Moustelle, s. f. belette.

Mut, ude, adj. muet, te.

N

Nada, v. nager.
Nadau, s. m. Noël.
Nas, s. m. nez.
Nat, nade, adj aucun, une.
Naü, üe, adj. neuf, ve.
Naüet, ére, nouveau, nouvelle.
Nebout, s. m. neveu; neboude, s. f. niéce.
Nécere, s. f. nécessité, besoin.
Nèche et neiche, v. naître.
Nechense, s. f. naissance.
Nega, v. nier; —*qu'at négue*, il le nie.
Nega, v. noyer; —*t'an negat*, on t'a noyé.
Negre, adj. noir, re.
Neit, s. f. nuit.
Nesche, v. naître; — *ei nescut*, il est né; —*é nescout praubement*, et il naquit pauvrement.
Net, te, adj. propre.
Neteja, v. nettoyer.
Néu, s. f. neige.
Niargue, s m. nargue.
Nina, v. dormir, reposer; —*lour touslounet que nino*, leur petit enfant qui dort.
Nizal, nizé et nidé, s. m. nid, nichée.

Nobi, s. m. et nobie, s. f. adj. fiancé, ée.
Node, s. f. noix.
Nore, s. f. belle-fille.
Noste, pron. poss. nôtre.
Notce, v. nuire.
Nou, part, neg. non.
Noubel, elle, adj. nouveau.
Noubeutat, s. m. nouveauté.
Noubial, adj. nuptial.
Noüiri, v. nourrir; — *que se nouiris*, elle se nourrit.
Nouirisse, s. f. nourrice.
Nouset et nudet, s. m. nœud.

O

O, part. aff. oui.
Oida, excl. oui-dà.
Oli, s. f. huile.
Om, pron. ind. on; — *l'om nou pot beze*, on ne peut voir. L'origine de ce pronom est *homo* (homme), d'où *hom* et *om*, on, l'on.
Ome, s. m. homme.
Op, s. m. puissant, riche.
Orb, be, adj. aveugle.
Orch, s. m. orge.
Orde, s. m. ordre.
Oubjét, s. m. objet.
Oubratge, s. m. ouvrage.
Oüei, adv. aujourd'hui.
Oüeil, s. m. œil.
Oüeillade, s. f. œillade.
Oule, voy. houle.
Oulibe, s. f. olive.
Oumatge, s. m. hommage.
Oun, adv. où.
Oure, s. f. heure.
Oume, v. HOUME.
Oumenet, s. m. petit homme.
Oundra, v. honorer.
Oundrat, ade, adj. honoré, ée.

Osko, s. f. entaille.
Ouranjario, s. m. orangerie.
Oustau, s. m. maison, hôtel.
Oustesse, s. f. hôtesse.

P

Pabat, s. m. pavé.
Pabie, s. m. Pavie, petit village au sud d'Auch;—nom vulgaire du brugnon.
Pacs, s. f. paix.
Padéne, s. f. poële;—s'emploie souvent comme terme de mépris.
Paga, v. payer; — *trop mau pagade*, trop mal payé; — *tu pagues*, tu paie; — *j'outs pagarie de mile grans merces*, je payerai de mille grands merci.
Pages, se, s. m. et f. paysan, campagnard.
Pai, s. m. père.
Pairet, s. m. petit panier.
Pairo et payroulet, s. m. chaudron.
Palancoun, s. f. couvercle.
Pale, s. f. pelle.
Pan, s. m. pain.
Pana, v. voler; —*qui panem*, qui volent.
Panaire, adj. celui ou celle qui vole.
Panchoc, s. m. vers la fin, près de sa chute.
Panjas, s. m. estomac.
Pape, s. m. papier.
Parde et perde, v. perdre;— *nou hé perde pas*, je ne le fais pas perdre.
Pardes, s. m. taches de rousseur.
Pareil, s. m. une paire;— *et pareil*, signifie une paire de bœufs.

Paresche, v. paraître ;— *qui parech*, qui paraît.
Parpailhol, s. m. papillon, épithète injurieuse que l'on donnait aux huguenots pendant les guerres de religion.
Paret, s. m. muraille.
Pari, v. tendre, déployer.
Patioun, ne, adj. égal, le.
Parrat et parratoun, s. m. moineau, passereau.
Parre, s. f. femelle du moineau;—expression vulgaire et indécente.
Parrokio, s. f. paroisse.
Passa, v. passer; — *nou passets pas*, ne passez pas.
Passat, s. m. le passé, le temps écoulé.
Passéja, v. promener.
Passelis, auge de moulin, coulis d'eau.
Passementat, ade, adj. passementé, brodé.
Pastica, v. partager.
Pastou, s. m. berger, pasteur; — *pastoure*, bergère.
Pasture, s. f. Pâturage, nourriture.
Pate, s. f. patte, griffe.
Pauc, adv. peu.
Paüre, s. m. pauvre;— il est encore employé comme exclamation;—*paüre qu'in malur!* ah pauvre, quel malheur.
Paus et pause, s. m. et f. repos, pause.
Pausa, v. poser.
Pati, v. souffrir; — *Clytére médiche patic*, Clytère même souffrit.
Patiras, s. m. souffre-douleur.
Pé. s. m. pied.
Pebe, s. m. poivre.
Pec, pegue, adj. idiot, te, imbécille ; — *pegueto*, petite

8.

sotte.

Pecadou, oure, adj. pécheur, pécheresse.

Pecat, s. m. péché.

Pece, s. f. pièce, morceau.

Péchédé, s. m. pacage.

Pedas, s. m. chiffon, morceau d'etoffe.

Pedassa, v. rapiécer, raccommoder.

Pedou, s. m. proyer, oiseau.

Pedauque (Regine). C'était une princesse nommée Ranahilde, épouse d'Euric, roi des Wisigoths (470). La tradition a obscurci à tout jamais les souvenirs historiques qui se rattachent à cette princesse. Le merveilleux qui entoure sa légende en fait une des fées protectrice de Toulouse. Il lui attribue la plupart des anciens monuments de cette ville. Le nom de Pedauque ou pied d'oie lui vient de son inclination qui lui faisait aimer le bain. On voit encore les ruines des bains de construction romaine, qu'on lui attribue, ainsi que les débris d'un ancien pont aqueduc, qui portait les eaux de la campagne voisine dans la capitale du Languedoc.

Pelehigue, s. m. bec-figue.

Peille, s. f. robe, chiffon.

Peire, s. f. pierre.

Pel et pelets, voy. péu.

Peligrin, s. m. Pélerin.

Peleja, v. disputer.

Pelejadis, s. m. dispute.

Peluça, v. peler.

Penchena, v. peigner, ratisser.

Pene, v. pendre; —*se penja*, se pendre.

Perde, v. perdre; — *qu'ei tont perdut*, j'ai tant perdu.

Perdis, s. m. perdrix.

Perfeit, adv. parfait.

Perpousa, v. proposer.

Pescaire et piscadou, s. m. pêcheur.

Pensa, v. penser; — *si pensaüi*, si je pensais.

Pensade, s. f. pensée.

Pequa, v. pécher, manquer; —*lou praube sot la pequéc béro*, le pauvre sot la manqua belle.

Per, prép. pour; — *é per amou d'aco* (et pour l'amour de cela), à cause de cela.

Perbezioum, s. f. provision.

Pere, s. f. poire.

Peré, s. m. poirier.

Perfum, s. m. parfum.

Péricle et perigglèro, s. m. bruit de la foudre; — *lou péricle* (de *periculum*, danger), le tonnerre. Ce mot sert souvent d'exclamation, et s'ajoute dans la conversation à toute sorte de propos; — *qu'in péricle d'ome*, quel homme ennuyeux; — *qu'in péricle de cruautat*, qu'elle cruauté inouie.

Persoque, conj. parce que,

Persute, s. f. poursuite, instance, persécution.

Pesca, v. pêcher, puiser; — *que pesquéri dins l'arriu*, que je pêchais dans le ruisseau;— *la douts oun lou sabe se pesque*, la source où le savoir s'apprend; — *pesca aigue*, puiser de l'eau.

Pesch, s. m. poisson.

Pesche, v. paître, manger, repaître; —*qu'a pescut*, il s'est repu.

Pesque, s. f. pêche.

Pesqué, s. m. vivier.

Pessiga, v. pincer, entamer.

Pet, s. m. peau.

Peta, v. rompre, faire craquer.
Peü, adv. peu.
Péu, s. m. cheveux, poil.
Plague, s. f. plaie.
Plan et pla, adv. bien; — *ta pla*, si bien.
Plaue, v. pleuvoir; — *nou plau pas*, il ne pleut pas.
Plaze, s. m. plaisir; — *à plaze*, à plaisir.
Plaze (se), se plaire; — *qui se plazen*, qui se plaisent; — *coum lou plats*, comme il leur plaît.
Plazent, te, adj. plaisant, agréable.
Plé, ée, adj. plein, eine.
Plea, v. remplir; *plée la pinte*, remplis la pinte; — *pleem nostes pairets*, remplissons nos petits paniers.
Plouge, s. f. pluie.
Plour et plous, s. m. pleur.
Ploura, v. pleurer; — *Apolloun tabe lou plouréc*, Apollon aussi le pleura.
Piàtat, s. f. piété et pitié, douleur; — *la peire se hen de piátat*, la pierre se fend de douleur.
Pic, s. m. blessure.
Pica, v. piquer.
Piché, ancienne mesure de la contenance de deux litres.
Pichérro, s. f. sorte de grande bouteille; — *s'emplea la pichérro*, remplir son estomac.
Pietadous, se, adj. compatissant.
Pigasse, s. f. petite hache.
Pihaigua, v. piailler, discuter.
Pincéu, s. m. pinceau.
Pinsan, s m. pinson.
Pinte, s. f. pinte, mesure de capacité, valant à peu près deux litres.

Pinta, v. pinter, boire souvent.
Pisch, s. m. urine.
Pisqué, s. m. pêcher.
Pissa et picha, v. uriner.
Poou, s. f. peur.
Porta et pourta, porter; — *que me porten*, qu'ils me portent.
Pot, s. f. lèvre.
Poude, s. m. pouvoir.
Poude, v. pouvoir; — *nou podi pas*, je ne puis pas; — *qu'om nou las pot beze*, on ne peut les voir; — *qui se pousque*, qui se puisse; — *que podi*, je puis; — *jou pouiri*, je pourrais; — *so qu'an pouscut aoüe*, ce qu'ils ont pu avoir; — *lous pousquen legi*, qu'ils les puissent lire; — *si jou poudüei*, si je pouvais.
Poulit, ide, adj. joli, ie.
Poumé, s. m. pommier.
Poume, s. f. pomme.
Pounchouat, ade, adj. perché.
Pount, adv. point.
Pount, s. m. pont.
Poupe, poupel, s. f. et m. teton, mamelle.
Pourga, v. vanner avec un crible.
Pourichinelle, s. m. polichinelle.
Pourin, s. m. poulain.
Pourmenade, s. f. promenade.
Pourtau, s. m. portail.
Pous, s. m. pouls.
Pousterle, s. f. poterne; — on désigne à Auch, sous ce nom, un escalier à pic, qui fait communiquer la ville haute avec la ville basse.
Pout, s. m. coq.
Poutenciê, s. f. potence.
Poutet, s. m. baiser.
Pouts, s. m. puits.

Pouzoun et poudoun, s. m. poison.
Prade, s. f. prairie.
Pradissé, adj. qui se trouve dans les prés.
Prat, s. m. pré.
Praubetat, s. f. pauvreté.
Prebesioum, s. f. provision.
Prega, v. prier; — *se pregaouetz,* si vous priiez.
Pregarie, s. f. prière.
Pregount, te, adj. profond.
Prene et prengue, v. prendre;—*qu'a prengut,* il a pris;— *jou prengueri la plume,* je prendrais la plume; — *que prenen,* qu'ils prennent; — *qu'ei prés,* il est pris.
Presti, v. appuyer fortement, serrer.
Preza, v. priser, estimer; — *jou prézi,* j'estime.
Prezenta, v. présenter.
Prezoun, s. f. prison.
Prim, me, adj. mince, menu; — il est quelquefois pris adverbialement; — *prim hilat,* finement filé.
Probe, s. f. preuve.
Propi, adj. propre.
Prou, adv. assez.
Prouba, v. prouver; — *é proubari,* et je prouverais.
Proucessioun, s. f. procession, cérémonie religieuse. En terme de théologie, la production éternelle du St-Esprit, qui procède du Père et du fils;— *ni la proucessioun qui ben de toutis dus ac Sanct Esperit;* ni la procession qui vient de tous les deux (le Père et le Fils) au Saint-Esprit.
Proufeit, s. m. profit, bonheur; — *que boute deguens lou moun, lou ben et lou proufeit;* qui met dans le monde le bien et le bonheur.
Prount, te, adj. prompt, te.
Prüe, s. m. prune.
Prué, s. m. prunier.
Prusaraigne, s. f. démangeaison.
Pudent, te, adj. puant, avare.
Puech on puy, s. m. hauteur.
Puignat, s f. poignée; — *à puignat,* à poignées.
Puja, v. monter, gravir une hauteur (*puy* et *puech*),—*james n'at; Pujari,* jamais je ne le monterais.
Punache, s. f. punaise.
Punt, s. m. point;—*det punt à la guillo,* du point à l'aiguille.
Punta, v. pointer.
Punte, s. m. pointe, trait d'esprit, maladie aiguë (pleurésie).
Puo, s. f. monticule.
Push, adv. plus; — *arreng push,* rien plus; — *push léu,* plutôt.

Q

Quante, adv. combien; —*en quantes faissous,* en combien de manières; — *a toucat soun quante,* il a touché son dû.
Quaucoum, adj quelque chose.
Quauque, adj. quelque.
Quére, s. f. vermoulure.
Quilla, v. faire tenir debout, percher;—*lou rouchinol quillat sur üe branquete,* le rossignol perché sur une petite branche
Quin, ne, pron. quel, quelle, lequel.
Quouate, adj. num. quatre.
Quoüe, s. f. queue.
Quoüe-roüy, rouge-queue, oiseau.
Quiste, s. f. quête.

R

Rabarie, s. f. rêverie.
Rabasseja, v. rêvasser.
Rabi, v. être ravi;—*soüi rabit*, je suis ravi.
Rahe, s. m. radi
Raja, v. éclairer de ses ayons.
Ram, s. m. rameau.
Rambouia, v. renvoyer.
Rambourça, v. rembourser.
Ramié, s. m. on désigne sous ce nom les îles plantées d'arbres qui se trouvent dans la Garonne.
Rampat, s. m. longue suite de rampes et d'escaliers.
Rampéu, s. m. jeu de boule;—*hé rampéu*, être égal.
Rande et rende, v. rendre.
Ranguil, s. m. râle.
Rascla, v. racler.
Raube, s. f. robe.
Ray, adv.;—*aco ray*, à la bonne heure.
Rebat, s. m. rabat.
Rebelencie, s. f. révérence, salutation.
Rebenge, s. f. revanche.
Rebengue, v. revenir;—*nou rebenguera jamas plus*, il ne reviendra jamais plus.
Rebira (se), se retourner.
Rebiscoula, v. ranimer.
Reblé, s. m. râble.
Recebe, v. recevoir;—*bous recebéts*, vous recevez.
Recerca, v. rechercher;—*jou recercari*, je rechercherais.
Recoubri, v. recouvrir et recouvrer;—*recroubrem lous thésors*, recouvrons les trésors.
Recounechence, s. f. reconnaissance.
Recounegüe, v. reconnaître,—*que la recounesch*, il la reconnaît.
Rede, adj. raide, fort;—*si bat rede*, il se bat courageusement.
Rêe, s. f. dos, épine dorsale.
Regine, s. f. reine.
Reguina, v. ruer.
Remerca, v. remarquer;—*jou remercari*, je remarquais.
Reneg, s. m. jurement.
Renega, v. jurer, renier.
Renja, v. mettre en place.
Repaus, s. m. repos.
Repente (he de), faire subitement, improviser.
Repotis, s. m. soufflet sur les lèvres.
Reprene, v. reprendre, réprimander.
Reproüé, s. m. réplique, maxime.
Retail, s. m. petit reste d'étoffe.
Rey, s. m. roi.
Rèy-couchet, s. m. roitelet.
Ribére, s. f. rivière;—on désigne aussi sous le nom de RIVIÈRE la plaine qui se trouve arrosée par le fleuve, la rivière et même le ruisseau qui la traverse. C'était aussi le nom d'une des nombreuses subdivisions de l'ancienne France; LE PAYS DE RIVIÈRE (Haute-Garonne), la judicature de RIVIÈRE-VERDUN (Tarn-et-Gar.)
Riberot, s. m. petite, mauvaise rivière.
Rigou, s. f. rigueur.
Riote, s. f. querelle.
Roda et rouda, v rôder, tourner;—*que roden aquiu*, qui rôdent dans cet endroit-là.
Rode, s. m. roue.
Rouchinol, s. m. rossignol.
Roüil, s. m. rouille.
Rouilla, v. rouiller;—*rouil-*

lat, ade, part. rouillé, ée.

Roumiu, s. m. pèlerin qui va à Rome.

Rouna, v. gronder.

Rounaire, s. m. grondeur.

Rouncilla, v. ronfler, renifler.

Rouy, ye, adj. rouge.

Rounca, v. ronfler, gronder.

Roupe, s. f. casaque à manches.

Ros, s. m. rosée.

Ruscade, s. f. lessive.

Rusco, s. f. écorce, petite boite faite d'écorce.

S

Sabatine, s. f. sabatine; discussions philosophiques ou de droit qui avait lieu le samedi.

Sabatou, s. m. soulier, pantoufle.

Sabe, s. m. le savoir, la science.

Sabe et sapi, v. savoir;—*jou sabi,* je sais; — *sens que jou'n sapie arreng,* sans que moi je n'en sache rien;—*saberats pas,* vous ne saurez pas.

Sabent, ente, savant, te.

Sabou, s. m. saveur.

Saboun, s. m. savon.

Sabourejant, te, adj., savoureux, se.

Sacrat, ade, adj. sacré, ée.

Sadout, oure, rassasié, las.

Sal, s. f. sel.

Salé, et salié, lieu ou l'on tient les viandes salées.

Salme, s. m. pseaume.

Saluda, v. saluer; — *jou saludi,* je salue.

Samoüa et semoüa, v. semer.

Sance, adj. entier.

Sannous, se, adj. sanglant.

Santat, s. f. santé.

Soungea, v. songer.

Sapi, voy. sabe.

Sapience, s f. sagesse

Sarclete, s. f. sarcloir.

Sarte, s. m. tailleur.

Sauba, v. se sauver; — *sabe qui pot,* sauve qui peut.

Scabele, s. f. chaise.

Scarabeillat, ade, adj. éveillé, ée.

Sclata, v. éclater, mettre en éclats.

Sclettos, s. f. copeaux.

Se, s. f. voy. seï.

Sé, s. f. soir.

Seca, v. sécher.

Seccouti, v. secouer.

Sega, v. moissonner.

Segaïre, s. m. moissonneur.

Segound, adj. num. second.

Segount, prép. selon.

Segue, f. f. haie.

Segui, v. suivre; — *per estes seguides,* pour être suivies; — *mé séguiran,* me suivront; — *Be deu plan éste seguit,* il doit bien être suivi.

Seï, s. m. sein.

Seignau, s. m. signe, grain de beauté.

Seigne, s. m. seigneur, maitre.

Semaou, s. f. comporte.

Semi-toun, demi-ton.

Sen, s. m. sens.

Sende, s. m. sentier.

Sensat, ade, adj. sensé, ée.

Sense, prép. sans; — *sense fin,* sans fin.

Senti, v. sentir; — *é sentiri l'audou,* et je sentis l'odeur.

Sequére, s. f. sécheresse.

Serbi, v. servir, tenir lieu; —*qui serbieillen,* qui servaient. — *qui serbichen,* qui servent.

Sernaille, s. m. lézard gris.

Serp, s. m. serpent, couleuvre.
Sere, s. f. selle.
Ses et ser, prép. sans.
Set, s. m. soif.
Sicgale, s. f. cigale.
Siete, s. f. assiette.
Sietade, s. f. assiétée.
Siés, adj. num, six.
Sigu, ure, adj. certain, ne.
So et sur, s. f. sœur.
Soubingué, v. se souvenir, se rappeler.
Soubeni, s. m. souvenir.
Soubra, v. rester; — *n'a pas soubrat qu'aco*, il n'est resté que cela.
Soubre, s. m. reste.
Souc, s. m. souche; sol; — *jette lou lin peou souc*, sème la graine de lin sur le sol.
Soul, le, adj seul, le.
Soulatja, v. soulager; — *é soulajari la pene*, et je soulagerais la peine.
Soulé, s. m. grenier.
Soulet, te, adj. seulet, te.
Soumeil, s. m. sommeil.
Soun, s. m. son, retentissement.
Souna, v. sonner; —*jou souni*, je sonne.
Sounaire, s. m. sonneur.
Soupeli, v. ensevelir.
Soupete, s. f. soupe.
Soureil, s. m. soleil; tournesol.
Souspira, v. soupirer; — *per qui j'ou souspiré*, pour qui je soupire.
Spalla, v. ébranler.
Staca, v. attacher.
Stampes, v. volets de boutique.
Spera, s. f. espérer; —*jou speraui*, j'espérais.
Stablarie, s. f. étable.

Sustengue, v. soutenir.
Suza, v. suer; — *que euze*, il sue.

T

Ta, conj. et adv ; — *cal tens sera ta fier*, quel temps sera si fier; — *ta léu que*, sitôt que.
Tabe et tabenc. adv. si bien, aussi; —*tabe plan*, aussi bien.
Tacet (*hé lou*), v. imp. faire le muet, faire silence.
Tail, s. m. tranchant, coupure.
Tailluc, s. m. tranche, morceau; — on désigne principalement par *tailluc*, le morceau de viande salée que l'on met dans la soupe.
Tailluca, v. hacher, mettre en morceau.
Talpe, s. f. taupe.
Tambouri, s. m. tambour; — *este tambouri*, dépenser son bien.
Tampia, v. fermer.
Tap, s. m. tertre.
Targa, v. se targuer.
Targaigne, s. f. araignée.
Targe, s. f. gros sou, bouclier.
Targue, s. f. démarche.
Tartugue, s. f. tortue.
Tasta, v. goûter, tâter; — *tasta lou pous*, tâter le pouls.
Tauhenat, s. m. agacerie.
Taule, s. f. table.
Taure, s. m. taureau.
Tengue, v. tenir; — *se teng*, il se tient; — *que tenc despuch longtems*, qu'il tient depuis longtemps.
Teoulad, s. m. toit.
Teoulé, s. m. tuilier.
Teque, s. m. gousse.
Tepe, s. m. monticule, élé-

vation, colline.

Terradou, s. m. habitant d'un territoire.

Terrotroum, s. m. bruit de la foudre.

Tessoun, s. m. porc à l'engrais.

Testemoni, s. m. témoignage.

Tèste, s. f. tête.

Tèstoun, s. m. teston. On donna ce nom à certaines monnaies frappées sous Louis XII, sur laquelle était gravée la tête du roi.

Testut, ude, adj. têtu, ue.

Tichané, s. m. tisseran.

Tinda, raisonner.

Tinte, s. f. teinture, tache produite par des matières colorantes.

Tira, v. tirer, ôter; — *m'an tirade d'auprès de bous*, on m'a ôté d'auprès de vous; — *tiret d'aquiu*, ôte-toi de là.

Tiu tiu, cri d'oiseau.

Tort, te, boîteux, se.

Touaille, s. f. nappe.

Toun, sing. m., *tiüe* sing. f., tos, pl. m., *tas*, pl. f. pron. votre. Il signifie parfois ton, ta, tes. [tous]

Touca, v. toucher, aiguillonner; — *toque lous boüeous*, aiguillonne les bœufs.

Toucant, te, adj.; — *toutes toucantes*, en grand nombre, en quantité.

Toune, s. f. tonnelle.

Toupin, s. m. petit pot.

Tourna, v. revenir, rendre; — *tourno m'aco*, rends-moi cela; — *si tournaüen*, s'ils revenaient; — *jou tournaréi*, je reviendrai.

Tourneja, v. renverser, chavirer, tourner; — *tourneje la mole*, tourner la meule.

Tournelle, s. f., on appelait ainsi, autrefois, une chambre des parlemens, composée de juges tirés des autres chambres et qui servaient tour à tour. Elle jugeait aussi les matières criminelles.

Tourra, glacer, gêler; — *que nou torre pas*, qu'il ne gele pas.

Tourrade, s. f. forte gelée avec concrétion de l'eau.

Toustems, adv. toujours.

Toustounet, te, s. m. et f. petit enfant, petite poupée.

Trancit, ide, adj. saisi par la peur ou par le froid.

Traidou, oure, adj. traître, traitresse, perfide.

Traïre (se), v. se traîner.

Trauc, s. m. trou.

Trauca, v. trouer, percer.

Tremol, s m. tremblement, crainte.

Tremoula, v. trembler.

Trepi, v. fouler.

Trés, adj. num. trois.

Tribailla, v. travailler.

Trigoussa, v. se traîner avec peine.

Trillade, s. f. treillis.

Trille, s. f. treille.

Triat, ade, adj. choisi, trié.

Trimfe, s. m. triomphe; au jeu de cartes, ce mot s'emploie par une espèce de jeu de mots pour *trimfle* (trèfles).

Trimfle, s. m. trèfle.

Tros, s. m. morceau.

Trouba, v. trouver, composer; — *qui se troben*, qui se trouvent; — *aüe troubat*, avoir trouvé; — *deguens la mort troubéc repaus*, il trouva le repos dans la mort; — *si troubats*, si vous trouvez.

Trouje, s. f. truie.

Trouta, v. trotter.

Truc, s. m. coup.
Truca, v. frapper.
Truffa (se), se moquer; — *jou'm truffi d'els*, je me moque d'eux.
Truffe, pomme de terre; — moquerie; — on se sert encore au jeu du piquet, de cette expression pour désigner le trèfle (trimfle); — *coume n'éi troubat que quoüate siés de truffes, que soun catorze de refus*, comme je n'ai trouvé que quatre six de truffes (trèfles), qui font quatorze de refus.
Tuco et tucoulet, s. m. monticule.
Tucouèro, s. f. plateau d'une colline.
Turment, s. m. tourment.
Turmenta, v. tourmenter, inquiéter.
Turro, s. f. motte de terre.
Tusta, v. frapper.
Tustet, s. m. marteau d'une porte.
Tute, s. f. tanière, gîte, petit trou.

U

Ubri, v. ouvrir; — *quan la primo s'ubrich*, quand le printemps renait.
Ufla, v. enfler.
Un, sing. m., uè, sing. f.; *us*, m. plur.; *uès*, f. plur., adj. un une. les uns, les unes.
Urous, ouse, adj. heureux, se.
Urouzement, adv. heureusement.
Utis, s. m. outil.

Y

Y, adv. là.
Yeu, pron. pers. moi.
Yoüer, voy. iuer.

Z

Zingares, s. m. bohémiens.
Zoüéc, s. m. sorte de pinçon.
Zéc, zéc, cri d'oiseau.

FIN DU DICTIONNAIRE.

TABLE DES MATIÈRES.

Dédicace.. v
Avertissement... VII
Introduction.. IX
LOU PARTERRE GASCOUN, COUMPOUZAT DE QUOUATE
    CARREUS, par G. BEDOUT D'AUCH.—DÉDICACE. 1
Epigrammes adressées à l'auteur............................. 3
PRUMÉ CARRÉU... 4
Solitude amoureuse.. 11
SEGOUN CARRÉU, abertissement................................ 19
L'adiu deu Bountems, mascarade.............................. 20
Lou gentilome à Liriande.................................... 23
Lou meste de cho.. id.
L'escoulié à Doriphile...................................... 24
Lou pouete Bouharot... id.
Lou marchand.. 26
Lou courdounié.. id.
Lou baure... 27
Lou gagne petit... id.
Amelie et Clorisse.. 28
Clorisse.. 29
TROUZIEME CARRÉU, abertissement............................. 31
Dorimoun qui se plaing de sa pastoure....................... 32
La mort d'un gat.. 34
La médecine à la mode....................................... 35
Lou mounde renbersat.. 36
Perpaus d'empout à l'Azou................................... 37
Cansoun... 40
Epigrammes.. 41
Lou rey d'Espagne aus Francés............................... 46
Lou rey de France aus Espagnols............................. id.
A moussur Lafont.. 47

TABLE DES MATIÈRES. 156

Refus d'amour	48
Lou malur de Lidor	49
Darré carréu, abertissement	53
Cant rouyau	54
Nouel	56
Pespaus de Bertran, d'Arnaud e d'Echo	58
Sounet	61
Pregaries daüant lou Sanct secrament	62
A la Sancte Trinitat, à Diu lou pai, à Diu lou hil, à Sanct-Esperit et à Notre-Dame	64
Poésies diverses. — Dastros. — Les plaisirs du printemps	69
La moisson	70
Les plaisirs de la veillée	72
Les bienfaits de la terre	73
Sentences, proverbes et dictons de la Gascogne.	74
Ader (Guillaume). Fragment	85
Baron (Louis). Ode à Calixte	86
Epigrammes	88
Du Gay. Chant royal	89
Le tombeu de Beulieu	90
Du Bartas. La nymphe gasconne	97
Gautier. Ode en faveur del bi	101
Requeste de quatre Playdejans	105
Lucas. La métamorphose en escargots des higounauts debant las murailles de Loctauro	106
Laffargue. La hesto dé Coundom	111
Benazet (Olympe). Epître aux Clairaquais	116
Adieu aux belles de Gimont	117
A un amic	118
J. Loubet. Les droits du peuple	119
La ville d'Auch	120
Dictionnaire	121

FIN DE LA TABLE.

ERRATA.

P. xxxvii. Le 8ᵉ vers de la note 1 de l'Introduction doit être placé à la ligne 14, et de cette manière :

> De tor en tor
> Sauta e cor

P. lxiii de l'Introduction, note 2, ligne 3, au lieu de *tut. Colomiers*, lisez : *Ant. Colomiez*.

Page 5, lig. 24, au lieu de *hyblœris*, lisez : *hyblœis*.

— 71, au 12ᵉ vers, au lieu de *la houet*, lisez : *de la hount*.

— 72, lig. 16, au lieu de *de lengue*, lisez *de la lengue*.

— 78, lig. 2, au lieu de *taulé*, lisez : *taule*.

— 94, au 8ᵉ vers, au lieu de *lou deüen*, lisez : *lou daouen*.

— 94, le 9ᵉ vers se trouve incomplet sur le manuscrit.

— 106, 3ᵉ ligne, au lieu de *higournaux*, lisez : *higounaux*.

Plusieurs mots du Dictionnaire ne se trouvent pas à leur place, tels que : *aghanit, caïtibié, osko*, et quelques autres. Il sera facile de suppléer à cette erreur typographique.